Printed in the United States
By Bookmasters

الشامل في مهارات التفكير

تأليف

ثائـر حسيــن

الطبعة الثانية

2009

رقم التصنيف: 370.157
المؤلف ومن هو في حكمه: ثائر غازي حسين
عنـــوان الكتـــاب: الشامل في مهارات التفكير
رقم الإيداع: 2006/10/2391
الموضوع الرئيسي: التفكير المبدع/ مهارات التفكير/ التعلم/
علم النفس التربوي / طرق التعلم
بيانات النشـــر: دار ديبونو للنشر والتوزيع- عمّـــان
* تم إعداد بيانات الفهرســة والتصنيف الأولية من قبل دائرة المكتبة الوطنية

حقوق الطبع محفوظة للناشـــر

الطبعة الثانية
2009
ديبونو للطباعة والنشر والتوزيـــع

يطلب هذا الكتاب مباشرة من مركز ديبونو لتعليم التفكير
عمّان- شارع الملكة رانيا- مجمع العيد التجاري
مقابل مفروشات لبنى- ط4
هاتف: 962-6-5337003 962-6-5337029 فاكس: 962-6-5337007
ص.ب: 831 الجبيهة 11941 المملكة الأردنية الهاشمية
E-mail: info@debono.edu.jo
www.debono.edu.jo

ISBN 9957- 454 - 21 - 8

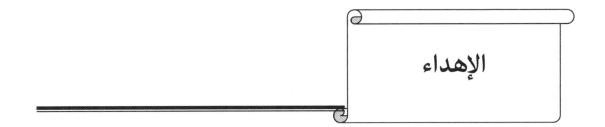

الإهداء

إلى التي من عينيها تعلمت الحب...

ومن ابتسامتها تعلمت الأمل...

ومن إطلالة محياها تعلمت معنى الصدق...

إلى ابنتي الغالية بشرى

	المحتويات
11	مقدمة
19	ملاحظة الخصائص
20	تصنيف الأشياء إلى فئات 1
23	تصنيف الأشياء إلى فئات 2
26	تصنيف الأشياء إلى فئات 3
29	تعريف الخصائص الأساسية للمفهوم
31	ترتيب المفاهيم حسب الحجم
33	ترتيب المفاهيم حسب الوقت
35	الأصالة
37	اتخاذ القرار
40	الاستماع
43	مراقبة الأشياء بعناية
45	التخيل
48	المرونة
50	التفاصيل
52	الدمج
54	الفهم
56	الاستيعاب
58	الملاحظة
60	التذكر
63	الاستنتاج
66	العلاقات السببية
67	صياغة الأنظمة والقوانين
69	الأولويات
71	الأهداف
73	التمييز بين الحقائق والآراء
75	التعرف على دوافع وأسباب سلوك الأفراد والجماعات في موقف معين
76	تحديد العلاقات السببية
79	التمييز بين الحقائق والأقوال المأثورة
81	التعرف على وجهات النظر الخاصة
82	تحري المغالطات المنطقية في الحجج والمناقشات
83	التمييز بين العبارات ذات الصلة بالموضوع والتي لا ترتبط بالموضوع
86	التمييز بين الطرائق والحجج الصادقة وبين المستخدمة للدعاية والإعلان
88	التعرف على العلاقات بين السبب والنتيجة عن طريق الاستدلال اللفظي
89	التعرف على السبب والنتيجة عن طريق الاستدلال المنطقي
91	التعرف على العلاقات عن طريق الاستدلال الزماني
92	التوصل إلى تعميمات من خلال الربط بين الأجزاء ذات العلاقة
94	اكتشاف التناقضات في مواقف معينة

مقدمة

أصبح تعليم التفكير في الآونة الأخيرة شعارا تنادي به كل الأنظمة التربوية في العالم،ورغم أنه لا يوجد هناك اتفاق على الكيفية التي يفضل أن يتم تعليمه بوساطتها، إلا أن هناك اتفاقا كاملا بين التربويين على أهميته وضرورة تطويره وتنميته لدى الأجيال القادمة كي تستطيع العيش في زمانها، وتنافس الأمم الأخرى في إنتاجها الفكري وتسهم في الحضارة الإنسانية بقدر ما تأخذ منها. ومن هنا كان لزاما على المدرسة تلبية هذه التوجيهات، وإعداد الطلبة إعدادا يمكنهم من امتلاك مهارات التفكير المختلفة وممارستها في جميع مجالات حياتهم.

وقد حث القرآن الكريم الناس على التفكير في ملكوت اللـه، وجعل التفكير من السمات المميزة لأصحاب العقول الراجحة، ووصفهم في سورة آل عمران (الآية 191) بأنهم دائماً (يتفكرون في خلق السموات والأرض). ويعد التفكير من أبرز الصفات التي تسمو ببني البشر عن غيرهم من مخلوقات اللـه، وهو من الحاجات المهمة التي لا تستقيم حياة الإنسان بدونها، ولا يتخلى عنه إلا في حالة غياب الذهن، وحيث إن الإنسان يحتاج إلى التفكير في جميع مراحل عمره لتدبير شؤون حياته، فإنّ المؤسسات التربوية الجادة والملتزمة تهدف إلى تنمية التفكير وتتعهده بالعناية والرعاية.

والتفكير بمعناه الواسع هو بحث عن المعنى لشيء ما اعتمادا على الخبرة، وقد يكون هذا الشيء عبارة أو تصرفا أو حدثا أو إشارة أو رأيا. وعندما نفكر فإننا نستخدم مجموعة من العمليات العقلية المتفاوتة في درجة تعقيدها لتساعدنا في معالجة المدخلات الحسية أو التصورات المتذكرة وإنتاج أفكار جديدة، أو فهم مختلف، أو إصدار حكم ما.

ويرى دي بونو(De Bono) أن التفكير له معنيان، أحدهما فلسفي، والآخر إجرائي، والإجرائي يختلف باختلاف عمر الفرد الذي يقوم بالتعريف، ومن خلال سؤاله مجموعة كبيرة من لأفراد من مختلف الأعمار توصل إلى أن هناك اتفاقا بين الكثير من البالغين على أن التفكير" هو التقصي المدروس للخبرة من أجل تحقيق غرض ما، وقد يكون هذا الغرض هو الفهم أو اتخاذ قرار أو التخطيط أو حل مشكلة أو الحكم على شيء ما أو القيام بعمل معين".

والتفكير شيء طبيعي كالمشي، فكل طفل ينمو شيئا فشيئا حتى يصل إلى مرحلة يستطيع فيها إن يمشي سواء علمناه المشي أم لا، لكن إتقان المشي بطريقة تجعل الفرد يفوز في مسابقة للمشي السريع

مثلا لا يتم بشكل تلقائي، وإنما هو يحتاج إلى تدريب متواصل للوصول إلى مرحلة متقدمة من القدرة على المشي، وهكذا التفكير، فكل منا خلق ولديه قدرة كبيرة أو قليلة على التفكير، لكن الوصول إلى درجة الحذق في التفكير وإتقان مهاراته المتعددة يحتاج إلى تعليم وتدريب متواصلين منذ الولادة وحتى الوفاة.

لقد أصبح تعليم التفكير شعارا تنادي به كل الأنظمة التربوية في الوقت الحاضر، ويرجع الاهتمام به والدعوة له إلى عدة عوامل منها:

- لا يتطور التفكير بالقدر المناسب تلقائيا كما ذكرنا، وإنما هو يحتاج إلى تعليم وإرشاد وممارسة كي يصل الأفراد إلى مرحلة المهارة في التفكير، وليس التفكير الروتيني فقط.

- إن امتلاك الطلبة مهارات التفكير بأشكالها المختلفة يكسبهم قدرات تفكيرية عامة تمكنهم من التعامل مع المواد الدراسية واستيعابها بشكل عام، كما ينمي قدرتهم على النقاش الصفي، مما يزيد من إثارة غرفة الصف وجاذبيتها، ويقلل الملل فيها، وبذلك يتحسن تحصيلهم الدراسي ويشعرون بقدرتهم على الضبط الواعي لتفكيرهم، ولا تصبح المدرسة عبئا عليهم، فيقبلون عليها ويستمتعون بوجودهم فيها.

- تعليم التفكير ضروري لمواكبة التغيرات المتسارعة في هذا العالم المتجدد والمتطور سواء من الناحية المعرفية أم السياسية أم الاقتصادية أم الاجتماعية، والتي يحتاج فهمها والتعامل معها إلى مستوى متقدم من التفكير.

- مهارات التفكير تبقى صالحة في كل زمان ومكان، ولا تتقدم مع الوقت بغض النظر عن نوع المعلومات التي يتم التعامل معها، وبالتالي فإن تعلمها يمكن المتعلم من التعامل مع القضايا والمشكلات المتجددة مع الزمن لأنها تقدم لنا طرق عمل تصلح للاستخدام مهما اختلف نوع موضوع التفكير.

- لا يخفى أن للتفكير دورا أساسيا في تقدم الأمم وتطورها، وعن كل منتجات الحضارة الجديدة هي ثمرة العمليات التفكيرية لمنتجيها، وعليه، فإن الأمم تحتاج إلى أن يتعلم أفرادها التفكير الحاذق كي ينافسوا غيرهم من الأمم ويتفوقوا عليها، وإلا فإنهم سيصبحون تابعين لهذه الأمم، وخاضعين لسيطرتها.

- إن تعلم مهارات التفكير يجعل الفرد قادرا على فهم مجتمعه والتعامل مع متطلباته بطريقة مقبولة، وبالتالي فإن التفكير يجعل منه مواطنا صالحا يخدم مجتمعه ويلبي متطلباته، ويتخذ قرارات واعية حول القضايا الاجتماعية التي يعاني منها المجتمع الذي يعيش فيه.

- إن شعور الفرد بالقدرة على التفكير السليم يجعله أكثر ثقة بنفسه، وقدرة على مواجهة المواقف الطارئة التي قد يتعرض لها دون تردد أو خوف.
- إذا تعلم الطالب تحليل الحجج وتقويمها نقديا فإنه يصبح أقل عرضة للاستغلال وغسل الدماغ من الآخرين لأنه لن يقبل أي رأي بسهولة، وسيكتشف الخلل في أي حجة تعرض عليه، وبالتالي لن يقتنع بها بمجرد سماعها دون تحليل أو تمحيص.
- إن تعلم التفكير الناقد والتأملي يجعل الفرد أكثر تدقيقا في الأفكار والممارسات الحالية في المجتمع من حوله، وأكثر قابلية لتحدي غير المناسب منها، وإثبات خطئه وتحديد عيوبه والعمل على تغييره.

مما سبق، يتبين بما لا يدع مجالا للشك أن إقرار تعليم التفكير في المدارس، وإدراجه في قائمة المواد الدراسية يعد ضرورة تربوية لا يمكن الاستغناء عنها، ولا مفر من الأخذ بها إذا كان الهدف بناء جيل مفكّر وإنشاء مجتمع متماسك يتّصف أبناؤه بالإدراك والوعي.

وفي الوقت الحاضر تعالت الأصوات من قبل المربين فأخذوا ينادون بضرورة تعليم التفكير للطلبة، نظرا لأنه مهارة عقلية يجب إعطاؤها الاهتمام المباشر، وهناك شعور أيضا بأن التفكير يمكن تنميته بالاهتمام المركز وممارسة بعض المهارات الأساسية.

والتفكير إما أن يكون عارضاً أو مقصوداً؛ والتفكير العارض سهل لا يتطلب عناءً كبيراً، ولا يحتاج إلى خطوات منظمة، وإنما يعرض لصاحبه بطريقة آلية بسيطة كأن يجيب على سؤال سهل فيذكر اسمه أو عمره إذا سئل عنه. وأما التفكير المقصود فهو الذي يقود إلى الإبداع وفق خطوات مسلسلة ومنظمة، ويتطلب عناءً كبيراً وخبرات ونظريات وقوانين مختزنة، يُستفاد منها في التوصل إلى داخل الحل المنشود، وهو عملية معقدة تكشف عن ممارسات الناس المتباينة، وتتبوأ مستوى عالياً بين مستويات النشاط العقلي، والتي يترتب عليها سلوك متطور كالقدرة على التعامل مع المشكلات، أو اتخاذ قرارات، أو محاولة فهم قضايا معقدة، فيجعل لحياة الإنسان القادر على التفكير السليم معنى وقيمة (طافش، 2004).

والتفكير مفهوم غامض لا نستطيع أن نراه أو نلمسه ولو فتحنا المخ رأينا كتلة من المخ ولن نرى تلك السيالات العصبية أو الإشارات التي تنتقل من عصيبة إلى عصيبة داخل الدماغ مثل الكمبيوتر، فالتفكير خليط من عمليات نفسية وكيميائية وعصبية متداخلة مع بعضها وهذا الخليط ينتج عملية التفكير. ويعد التفكير من أبرز الصفات التي تسمو ببني البشر عن غيرهم من مخلوقات الله، وهو من

الحاجات المهمة التي لا تستقيم حياة الإنسان بدونها، ولا يتخلى عنه إلا في حالة غياب الذهن، وحيث إن الإنسان يحتاج إلى التفكير في جميع مراحل عمره لتدبير شؤون حياته، فإنّ المؤسسات التربوية الجادة والملتزمة تهدف إلى تنمية التفكير وتتعهد بالعناية والرعاية.

وقد تباينت آراء الباحثين التربويين وعلماء النفس حول مفهوم التفكير، وذلك لأن هذه الظاهرة تتضح من خلال ملاحظة سلوك الإنسان في المواقف الحياتية المتباينة، لذلك يعد التفكير من أكثر أنماط السلوك البشري تعقيداً. ومن ابرز التعريفات التي أشار إليها هؤلاء الدارسون ما يأتي:

يعرفه مجدي حبيب (1995) بأنه: عملية عقلية معرفية عليا تُبنى وتؤسس على محطة العمليات النفسية الأخرى كالإدراك والإحساس والتخيل، وكذلك العمليات العقلية كالتذكر والتجريد والتعميم والتمييز والمقارنة والاستدلال، وكلما اتجهنا من المحسوس إلى المجرد كلما كان التفكير أكثر تعقيداً.

ويرى عصام عبد الحليم (1996) أن التفكير مفهوم افتراضي يشير إلى عملية داخلية تُعزى إلى نشاط ذهني معرفي تفاعلي انتقائي قصدي موجّه نحو مسألة ما، أو اتخاذ قرار معين، أو إشباع رغبة في العلم، أو إيجاد معنى أو إجابة عن سؤال معيّن، ويتطور التفكير لدى الفرد تبعاً لظروفه البيئية المحيطة به.

ويعرفه إبراهيم الحارثي (2001) بأنه: ذلك الشيء الذي يحدث في أثناء حل مشكلة، وهو الذي يجعل للحياة معنى ... وهو عملية واعية يقوم بها الفرد عن وعي وإدراك ولكنها لا تستثنى اللاوعي ... وتتأثر بالسياق الاجتماعي والسياق الثقافي الذي تتم فيه .

ويعرفه فتحي جروان (2002) بأنه: عملية كلية نقوم عن طريقها بمعالجة عقلية للمدخلات الحسيّة والمعلومات المسترجعة لتكوين الأفكار أو استدلالها أو الحكم عليها، وهي عملية غير مفهومة تماماً، وتتضمن الإدراك والخبرة السابقة والمعالجة الواعية والاحتضان والحدس، وعن طريقها تكتسب الخبرة معنى.

ويُعرف ديبونو (De Bono, 1989) التفكير بأنه " استكشاف قدر ما من الخبرة من أجل الوصول إلى هدف، وقد يكون ذلك الهدف الفهم أو اتخاذ القرار، أو التخطيط، و حل المشكلات أو الحكم على شيء ما ".

والتفكير ـ عموماً ـ مفهوم معقد ينطوي على أبعاد ومكونات متشابكة تعكس الطبيعة المعقدة للدماغ البشري. وقد استخدم الباحثون والمربون أوصافاً عدّة للتميز بين نوع وآخر من أنواع التفكير, وربّما كان تعدّد أوصاف التفكير وتسمياته أحد الشواهد على مدى الاهتمام بدراسة

موضوع التفكير وفكّ رموزه منذ بدأت المحاولات الجادة لقياس الذكاء بعد منتصف القرن التاسع عشر. وليس هنالك شكّ في أن إعمال العقل والتفكيّر والتدبّر في ما خلق اللـه والتبّصر في حقائق الوجود هي من الأمور التي عظمّها الدين الإسلامي لأنها وسائل الإنسان من أجل اكتشاف سنن الكون ونواميس الطبيعة وفهمها وتطويعها لسعادته, كما أنها وسائله في الاستدلال على وجود الخالق وعظمته ووحدانيته, وفي استخلاص الدروس والعبر من تاريخ البشرية.

لقد انتشر تعليم التفكير في العديد من دول العالم، فعلى سبيل المثال تقوم فنزويلا بتعليم التفكير لطلبتها، وكذلك العديد من مدارس الولايات المتحدة وكندا والمملكة المتحدة واستراليا ونيوزيلندا وأيرلندا، وثمة مشاريع أخرى لتعليم التفكير في بلغاريا وماليزيا وغينيا والهند وغيرها.

أما في الوطن العربي فقد ظهرت في الآونة الأخيرة العديد من المحاولات والتجارب لتعليم مهارات التفكير داخل المدارس، فالأردن والسعودية تعتبر من الدول الرائدة في هذا المجال، وهناك تجارب أخرى في بعض دول الخليج العربي، فسلطنة عمان مثلا بدأت بتبني تجربة شاملة في تعليم مهارات التفكير ممثلة بوزارة التربية والتعليم.

يستعرض هذا الدليل مجموعة كبيرة ومتنوعة من مهارات التفكير الهامة والتي يحتاجها الفرد في العديد من مواقف الحياة العامة، وقد حاول المؤلف تبسيط هذه المهارات وتقديمها للقاريء بأسلوب عملي مبسط، حتى يتمكن كل فرد من اكتساب المهارات بسهولة ويسر.

وسوف يجد القاريء في هذا الدليل العملي خلاصة لعشرات المهارات بالاضافة إلى مجموعة كبيرة من الأمثلة والتمارين العملية، راجين أن يكون هذا الدليل إضافة جديدة في مجال تعليم مهارات التفكير.

المؤلف

ثائر حسين

عمّان

30 نوفمبر2006م

مهارات في التفكير

المهارة	ملاحظة الخصائص
تعريف	لماذا يُصنع القلم الرصاص من الخشب؟ ولماذا يغلب عليه الشكل السداسي؟ كل شيء حولنا له خصائص يتميز بها. وهناك سبب لهذه الخصائص، ولكنك لن تعرف الأسباب أبداً إلا إذا سألت: لماذا؟ لكي تكون مفكراً جيداً فإنك تحتاج إلى أن تكون ملاحظاً عميق التفكير. التمرين التالي سوف يجعلك تفكر في بعض الأسئلة نفسها التي خطرت في ذهن الصانع الأول للطوب والعملة المعدنية والعلم وإطار السيارة.
مثال	اكتب ثلاث خصائص لاحظتها لكل شيء من الأشياء التالية. بعد كل خاصية، اكتب السبب الذي تعتقد أنه وراء تلك الخاصية. المادة الخصائص سبب الخاصية طوب - خشن - لكي يلتصق الاسمنت به بسهولة. - ثقيل - لكي لا يتفكك. - متناسق الشكل - لكي يسهل رصه.
أنشطة	اكتب ثلاث خصائص لاحظتها لكل شيء من الأشياء التالية. بعد كل خاصية، اكتب السبب الذي تعتقد أنه وراء تلك الخاصية. المادة الخصائص سبب الخاصية 1. عملة معدنية 2. علم (راية) 3. إطار سيارة

المهارة: تصنيف الأشياء إلى فئات 1

تعريف

لقد ساعدتنا التمارين الثلاثة الأولى في مراقبة ومقارنة خصائص بعض الأشياء التي تخصنا.

بعض تلك الأشياء كانت أحياءً، وبعضها كان صناعة آلية وبعضها كان نماذج ورسومات بيانية التي يستخدمها الإنسان لتخزين وتطوير المعرفة.

وفضلا عن حفظ خصائص آلاف الأشياء التي شاهدناها في حياتنا، فإننا نتذكر بذكاء خصائص الفئات التي نضع فيها تلك الأشياء فمثلان نتذكر خصائص الحيوانات، والمعادن، والقماش، والسوائل، والحشرات وهكذا. إذا طلب منا احدهم وصف شكل الحديد، فإننا نفكر أولاً بخصائص المعادن، الفئة التي وضعنا الحديد فيها. ولذلك يجب أن يكون الحديد صلباً، ويجب أن يغطس في الماء، ويجب أن يصبح ساخناً بسرعة، ويجب أن يسمح للكهرباء بالمرور من خلاله وهكذا. ويجب أن يكون لمعادن أخرى من النحاس والتيتانيوم تلك الخصائص.

وكلما كانت الفئات التي يمكن أن تضعها في هذه الفئات أكثر كلما كان تفكيرك أكثر إبداعاً ومرونة

مثال

يمكن وضع المجموعات التالية المتكونة من ثلاثة أشياء في فئة مشتركة. أولاً حاول إيجاد خاصية متشابهة تخص الأشياء الثلاثة في مجموعة.

ثم دوّن اسم الفئة التي يمكن أن تضع هذه الأشياء فيها.

الأشياء	الخصائص المتشابهة
تفاحة، لحم، جبن.	طعام

أنشطة

والآن ها هي بعض الأشياء المشتركة لك لتقوم بتصنيفها	
1- المغناطيس، مقص، مشبك ورق.	مصنوعة من المعدن
2- قلم رصاص، كتاب، شجرة	
3- مطرقة، قرميد، صخر	
4- فلين، جبل جليد، تفاحة.	
5- إطار، عملة، عجلة.	

7- سياج، عمود، جدار	
ها هي بعض الأشياء من الرياضيات وقواعد اللغة.	
-8	أشكال رباعية الأضلاع.
9- الأرقام: 7، 11، 13	
10- الأرقام: 16، 64، 36.	
11- الأرقام: 6، 15، 36	
12- المثلثات، المربعات، الخماسيات	
13- الكلمات: يمشي، يمسك، يتسلق.	
14- الكلمات: أنت، هي، هذا.	
ها هي بعض الأشياء من العلوم.	
15- خنفساء، نملة، فراشة.	حشرات
16- حرارة، ضوء، صوت.	
17- أرنب، بقرة، غزال.	
18- الاحتكاك، الجاذبية، الدفع.	
19- ثلج، بخار، ضباب.	
20- نهر الجليد، الرياح، فياضانات.	
21- الخلية الجافة، البطارية، المولد.	
22- الدهون، الكربوهيدرات، البروتين	
23- اليورانيوم، الفحم، أشعة الشمس	
24- قنديل البحر، المرجان، الإسفنج.	
25- صدى، رعد، موسيقى.	
26- الكبريت، الأوكسجين، الحديد	
27- الكوالا، الومبت، الكنغر.	
28- قطن، صوف، قنب.	
29- أفعى، تمساح أمريكا، سحلية	

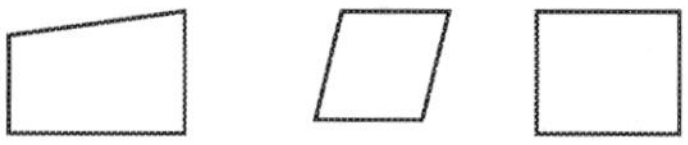

30- رافعة، بكرة، منحدر.	
31- عين، تلسكوب، آلة تصوير.	
32- التركيب الضوئي، الظلال، كهروضوئي.	
ها هي بعض الأشياء من الدراسات الاجتماعية.	
33- الأكل، الشرب، النوم.	احتياجات الإنسان
34- سناتور(شيخ)، انتخاب، تصويت.	

المهارة	تصنيف الأشياء إلى فئات 2
تعريف	كلما راقبنا وتعلمنا أكثر عن الأشياء تصبح لدينا صور أفضل وأفضل في أذهاننا عن خصائص الأشياء التي تخص فئة معينة. كما تعلمنا أيضا أن بعض الأشياء يمكن أن توضع في أكثر من فئة. مثلا سيارة يمكن أن توضع في فئة ندعوها "أشياء مصنوعة من الحديد" أو " أشياء مصنعة آليا" أو "أشياء للسفر بها" وهكذا. هذا التمرين أصعب قليلا بحيث أن الأشياء الأربعة في كل مجموعة من شأنها أن توضع في نفس الفئة. ومع ذلك هناك شيء واحد في كل مجموعة لا يمتلك الخاصية التي تمتلكها الأشياء الثلاثة الأخرى.
مثال	تحتوي القائمة التالية على أربعة أشياء في كل مجموعة. دوّن الشيء غير الملائم في كل مجموعة. ودوّن كذلك لم لا ينتمي ذلك الشيء إلى تلك المجموعة.

الأشياء	الشيء المختلف
تفاحة، جزرة، موزة، برتقالة	جزر (ليس فواكه)

أنشطة

والآن ها هي بعض الأشياء المشتركة	
1- سيارة، شاحنة، دراجة هوائية، حافلة.	دراجة هوائية- بدون محرك
2- بقرة، كلب، حصان، ماعز	
3- قرد، كلب، قطة، سنجاب	
4- أحمر، أخضر، أزرق، أصفر	
5- مطرقة، مثقاب، منشار، مسحاج.	
6- برتقال، تفاح، ليمون، جريب فروت	
7- الخشب، المطاط، البلاستيك، القطن.	
8- أرز، قمح، شعير، سكر.	
ها هي بعض الأشياء من الرياضيات وقواعد اللغة.	

9- الأرقام:	25 – لا يقسم على 3	
12، 25، 27، 39		
10- 25، 16، 21، 36.		
11- 0.75، 3/4، 75%، 75/1000		
12- كرة، مستطيل، اسطوانة، مكعب		
13- درجات، رسم بياني، ثانية، غرام		
14- ذهب، يبتسم، تسلق، جلس.		
15- أغنية، خطبة، تقليد، شعر.		
16- متوازي الأضلاع، مستطيل، مثمن الزوايا، مربع.		
17- يركض، خرقة، جرذ، كبش.		
18- يركض، يضرب، سريع، يسقط.		
ها هي بعض الأشياء من العلوم.		
19- بلوط، صنوبر، خشب القيقب، رماد.	صنوبر- دائم الخضرة	
20- شبه جزيرة، رأس (أرض داخلة في البحر)، خليج، جزيرة.		
21- جلد، وريد، شعر، ظفر.		
22- نايلون، شمع، بوليستر، تفلون.		
23- قطة، بقرة، كلب، دب.		
24- المريخ، القمر، الأرض، الزهرة		
25- جليد، سحابة، غبار، ندى.		
26- جرذ، خنزير غيني، فأر، أكل النمل.		
27- حرارة، غاز، صوت، ضوء.		
28- قمر، شمس، مصباح، نار		
29- إلكترون، بلور، نيوترون،		

	بروتون.
	30- أوكسجين، نيتروجين، ثاني أكسيد الكربون، كبريتيد الهيدروجين.
	31- سمكة، أفعى، دودة، عصفور.
	32- بطن، فم، رئتان، معي.
	ها هي بعض الأشياء من الدراسات الاجتماعية
ملك- لا ينتخب	33- رئيس، رئيس بلدية، محافظ، ملك
	34- قضاة، شرطة، جنود، صاحب متجر.
	35- منتخب، دكتاتور، ممثل، سيناتور.
	36- قطعة الأخشاب، تعدين، بناء سدود، إعادة الزراعة.
	37-نفط، خشب، فحم، غاز طبيعي.

<table>
<tr><td>المهارة</td><td>تصنيف الأشياء إلى فئات 3</td></tr>
<tr><td>تعريف</td><td>جميعنا لدينا فئة في أذهاننا بحيث أننا نصنف الحيوان. وحيث أننا نراقب ونقرأ عن حيوانات جديدة ومختلفة، فإننا نحتاج لتقسيم فئتنا إلى فئات أصغر وذات صلة.</td></tr>
<tr><td>مثال</td><td>قد يكون في ذهنك فئات أصغر أو فرعية للحيوانات، مثلاً، حيوانات المزرعة، والحيوانات البرية، والحيوانات المائية، والحيوانات المتسلقة للأشجار، والحيوانات التي تأكل العشب وهكذا.
إن كان علينا فرز عدد كبير من الأشياء ذات الفئات المشتركة إلى فئات أصغر، فمن المفيد استخدام رسم بياني، مثلاً-
الحيوانات - الفيل، القطط، الأحصنة، القردة، الكلاب، الأرنب، النمور، الأبقار، الخنازير.(فئة الخنازير الغينية،، الحمير الوحشية.
<table>
<tr><td colspan="5">(فئات فرعية)</td></tr>
<tr><td>حيوانات برية</td><td></td><td>حيوانات منزلية</td><td></td><td>حيوانات المزرعة</td></tr>
<tr><td>فيلة</td><td></td><td>قطط</td><td></td><td>أحصنة</td></tr>
<tr><td>قردة</td><td></td><td>كلاب</td><td></td><td>أبقار</td></tr>
<tr><td>أسود</td><td></td><td>سلحفاة</td><td></td><td></td></tr>
<tr><td>حمر وحشية</td><td></td><td></td><td></td><td></td></tr>
<tr><td>أرانب</td><td></td><td></td><td></td><td></td></tr>
</table>
</td></tr>
<tr><td>أنشطة</td><td>والآن أكتب تحت هذه الملصقات الأشياء التي تنتمي إلى فئة صغيرة أو فرعية.
عندما تنتهي من التمارين، عد وانظر إن كنت تستطيع تقسيم كل فئة إلى فئتين أخرتين.</td></tr>
</table>

ها هي بعض الأشياء المشتركة.

1- الملابس- قبعة، جوارب، قلنسوة، وزرة، حذاء، بوط، كرة مضرب، ظل.		
ملابس القدم	ملابس الرأس	ملابس الجسم

____________ ____________ ____________

____________ ____________ ____________

____________ ____________ ____________

____________ ____________ ____________

العديد من الأجوبة ممكنة. استخدم عناوين الفئات كدليل.

2- أغذية- حليب جزر، جبن، تفاح، بطيخ، بطاطا، زبدة، قشدة، كمثرى، توت، بصل، موز.		
فواكه	خضراوات	أغذية يومية

____________ ____________ ____________

____________ ____________ ____________

____________ ____________ ____________

____

3- الرياضة- السباحة، البيسبول، كرة السلة، الجري، الغوص، القفز العالي، كرة القدم، الهوكي، الإبحار، رمي الكرة الحديدة.		
رياضات مائية	ألعاب رياضية	رياضات الكرة

____________ ____________ ____________

____________ ____________ ____________

____________ ____________ ____________

____

4- أدوات- رفش، مسحاج، أداة جمع العشب، منشار، مبرد، أداة صنفرة، إزميل، مطرقة، مجرفة، مطرقة برأس خشبي، مطرقة ثقيلة.

حديقة	ضرب	قطع

ها هي بعض الأشياء من الرياضيات وآداب اللغة

5- مفاهيم رياضية- مستطيل، متر، اسطوانة، مكعب، ياردة، ميل، مثلث، هرم، مربع،كليومتر، مخمس، كرة.

وحدة	ثنائي الأبعاد	ثلاثي الأبعاد

6- كلمات- قبعة، قيادة، سريع، ثقيل، قتال، عالي، تفاحة، يمشي، يتسلق، جميل، سرير، قلم.

أسماء	أفعال	صفات

المهارة	تعريف الخصائص الأساسية للمفهوم
تعريف	رأينا في التمرين السابق كيف تقسم الفئات الكبيرة مثل الحيوانات، والملابس، والأغذية، والرياضيات إلى فئات أصغر. وحتى لو وضعت الفيلة، والكلاب والأبقار في فئات فرعية، فإننا لا نزال نميزها جميعها كحيوانات. وبكلمات أخرى فإننا يجب أن نكون "صورة" في أذهاننا عن بعض الخصائص الأساسية التي يجب أن تكون للشيء قبل أن يدعي حيوان. وقبل أن تدعو الشيء حيواناً، قد تتوقع أن يكون له رأس، وجسم، وسيقان، وعينان، وفم، ويكون حيا، وقادرا على الحركة. وتدعي تلك الخصائص الأساسية لصورتك العقلية عن الحيوان مفهومك للحيوان. إن كلمة حيوان هي وصف تعطيه لهذه الصورة العقلية أو المفهوم. قد يكون لأشخاص مختلفين خصائص أخرى لمفهومهم عن الحيوان لأنهم شاهدوا حيوانات أكثر أو قرؤوا أكثر منك عن الحيوانات.

مثال

الشيء	الخصائص الأساسية أو المفهوم
سيارة	4 عجلات، محرك، عجلة قيادة، مكبح، مقعد.

أنشطة

1- كرسي	مقعد مسطح، داعم خلفي
2- عملة	مصنوعة من المعدن، دائرية، تاريخ، رأس القائد، قيّمة
3- طابع بريد	

ها هي بعض الأشياء من الرياضيات وآداب اللغة.

4- مربع	4 جوانب متساوية، 4 زوايا قائمة، ثنائي، الأبعاد، شكل مقفل.

5- قصيدة	
6- كلمة	
ها هي بعض الأشياء من العلوم	
7- كوكب	صلب، يعكس أشعة الشمس، يتحرك حول الشمس، يدور على محور، يوجد في الفضاء، دائري الشكل.
8- طائر	
9- وردة	
ها هي بعض الأشياء من الدراسات الاجتماعية.	
10- لعبة	لها أحكام، بداية ونهاية، تلعب من قبل شخص واحد أو عدة أشخاص، فيها متعة
11- قانون	
12- ثقافة	

<table>
<tr><td>المهارة</td><td>ترتيب المفاهيم حسب الحجم</td></tr>
<tr><td>تعريف</td><td>رأينا كيف نكون جميعا صورا ذهنية أو مفاهيم للأشياء. يعطى لكل من هذه المفاهيم وصف مثل: حيوان، شجرة، سيارة، كرسي هكذا.
وهناك بعض الخصائص الأساسية المرافقة لكل مفهوم.
ويمكن عمل مفاهيم اصغر من مفهوم اكبر كالمنزل من غرف وأثاث وهكذا.
من الممتع أننا قد اخترنا في أذهاننا مفاهيم معينة مرتبه حسب حجمها. لقد ابلغنا أنفسنا لتذكر أن المنزل اكبر من الغرفة، وان الغرفة اكبر من قطعة الأثاث.
وأحيانا يكون الاختلاف في الحجم بين مفاهيم مترابطة صغيرة جدا بحيث يكون من الصعب وضعها في الترتيب الصحيح. يفحص هذا التمرين الكيفية الصحيحة التي رتبت بها مفاهيمك.</td></tr>
<tr><td>مثال</td><td>تم إعطاء مجموعات ذات مفاهيم مترابطة في هذا التمرين. ومطلوب منك إعادة ترتيبها بحيث يعطى المفهوم الأكبر أولاً. ويجب أن يعطى المفهوم الأصغر أخيرا.
<table>
<tr><th>المفاهيم المترابطة</th><th>الترتيب حسب الحجم من الأكبر إلى الأصغر</th></tr>
<tr><td>جملة، فقرة، كلمة،</td><td>فقرة، جملة، كلمة.</td></tr>
</table></td></tr>
<tr><td>أنشطة</td><td>
<table>
<tr><td colspan="2">ها هي بعض الأشياء المشتركة</td></tr>
<tr><td>1- عجل، دراجة، مكبح، نقل.</td><td>نقل، دراجة، عجل، مكبح</td></tr>
<tr><td>2- طائر، سرب، جناح، ريش</td><td></td></tr>
<tr><td>3- مكتبة، فصل، كتاب، فقرة.</td><td></td></tr>
<tr><td>4- مسرب، طريق عام، ممر، طريق.</td><td></td></tr>
<tr><td>5- غابة، غصن، فرع، شجرة.</td><td></td></tr>
<tr><td>6- خطبة، فصل، مشهد، مسرحية.</td><td></td></tr>
<tr><td colspan="2">ها هي بعض الأشياء من الرياضيات واللغة.</td></tr>
<tr><td>7- 0.01، 0.10، 1.00، 011</td><td>1.00، 0.11، 0.01،0.10</td></tr>
<tr><td>8- 2/3، 19/36، 9/18،5/11</td><td></td></tr>
<tr><td>9- سنتيمتر، كيلومتر، متر، ملليمتر.</td><td></td></tr>
</table></td></tr>
</table>

10- زاوية منعكسة، زاوية حادة، زاوية قائمة، زاوية منفرجة.	
ها هي بعض الأشياء من العلوم.	
11- كوكب، الكون، قمر، شمس.	الكون، شمس، كوكب، قمر.
12- شريان، جهاز الدم، جسم، قلب.	
13- الشبكية، العين، الجهاز الحسي، نبابيت الشبكية.	
14- بلّور، ذرة، جزئ، نوية	
15- جسم، خلية، عضو	
16- أوعية شعرية، شرايين، أوردة.	
ها هي بعض الأشياء من الدراسات الاجتماعية	
17- آسيوي، الإنسانية، سلالة، صيني	الإنسانية، سلالة، آسيوي، صيني
18- أمة، ابنة، عائلة، مجتمع.	
19- قبلية، عائلة، سلالة، ابن	
20- سيناتور، حكومة، حزب، أمة	
21- بلدة، ضاحية، بلد، ولاية	

المهارة	ترتيب المفاهيم حسب الوقت
تعريف	يمكن وضع المفاهيم المتعلقة ببعضها البعض على التوالي، أو حسب ترتيب معين. وحتى أننا نخزن هذا التسلسل في أذهاننا مع المفاهيم المتعلقة بها. ويمكن أن يكن الترتيب: 1- من الشيء الصغير إلى الأكبر. 2- من الفعل الذي يحدث أولاً إلى الفعل الذي يحدث أخيراً. 3- حسب الكلفة، والوزن، والحموضة، والعمر، ومعايير أخرى كثيرة.
مثال	المفاهيم التالية مختلطة. اعد ترتيبها بوضع الأشياء التي تحدث أولا في البداية والأشياء التي تحدث أخيرا في النهاية.

المفاهيم المرتبطة	الترتيب حسب الحدوث من الأول إلى الأخير
توفير - إنفاق- كسب	كسب- توفير - إنفاق

أنشطة

ها هي بعض الأشياء المشتركة لوضعها حسب الترتيب.	
1- إعادة سماعة الهاتف- التحدث- إدارة قرص الهاتف.	إدارة قرص الهاتف- إعادة سماعة الهاتف- التحدث.
2- يمضغ طعاما- يسحب - يلقي	
3- بذور- حرث الأرض- حصاد.	
4- إطلاق- تعبئة- تسديد	
5- ختم- كتابة- إرسال بالبريد- تسليم	
6- امتطاء- ركوب- تركيب اللجام	
7- ينافس - يتدرب - يفوز	
8- يقص - يخيط- يقيس	
ها هي بعض الأشياء من العلوم.	
9- الغسق- الظهر - الفجر- منتصف الليل.	الفجر- الظهر - الغسق- منتصف الليل

	10- رعد- فيضان- مطر- برق
	11- يرقة الفراشة- بيضة- فراشة
	12- صيف- شتاء-ربيع.
	13- سيارة- حوّامة- طائرة- دراجة.
	12- ساعة- الشمس- ساعة شمسية- ساعة رملية.
	ها هي بعض الأشياء من الدراسات الاجتماعية
حملة- ترشيح- انتخاب	15- انتخاب- ترشيح- حملة
	16- اكتشاف- بيع- تصنيع- بحث
	17- تأليف- تدريب- أداء
	18- غزل- حياكة – قص- خيّاط
	19- طحن- حصاد- خبز- أكل
	20- منظر طبيعي- تصميم- رسم- بناء
	21- بيع- إعلان- تصنيع- شراء

الأصالة	المهارة
الأصالة هي القدرة على استخلاص استجابات أو أفكار جديدة كانت أو غير مألوفة، والأصالة أيضاً هي الخوض فيما يتعدى الاستجابات الشائعة أو المنطقية. والذي يفكر بطريقة متفردة وأصيلة هو الذي يستطيع أن يبحث عن أفكار واقتراحات جديدة وحلول فريدة للمشكلة. إن المفكر بهذه الكيفية هو الذي يطور تفكيره التباعدي (التشعبي). لذا فإن الاختراعات الجديدة تعتمد على أفكار أصيلة مبتكرة .	تعريف
▪ توصل الطبيب الكويتي يوسف علي البدر إلى اكتشاف مادة شبيهة بعظام الإنسان يمكن استخدامها كبديل للعظام لتمتعا بخاصة الالتئام والنمو لتصبح جزءاً منه، وقد سجل اختراعه ضمن براءات الاختراع العالمية. ▪ فكرة أصيلة : تعد محاولة عباس بن فرناس في الطيران فكرة مبتكرة في زمانه؛ فكانت نقطة البداية لصناعة الطائرات. ▪ في اليابان يطلب من أطفال الروضة والابتدائي اكتشاف جهاز غير موجود، أو التعديل على أحدث جهاز تم إنتاجه . ▪ في ألمانيا يقدم للطفل مواد مختلفة (بالون / أسياخ الشواء الخشبية / خيط لم الشعر للبنات / ممحاة مطاطية) ويطلب إليه أن يكون منها لعبة غريبة وغير مألوفة.	مثال
1. يعرف الجميع قصة سند ريلا، وكانت نهايتها هي زواجها من الأمير. اكتب نهاية مختلفة لهذه القصة مع مراعاة ما يترتب على ذلك وما يسبق ذلك أيضاً من تغيير في الأحداث والشخصيات. 2. افترض أن طولك 3 أمتار. ناقش ما الذي يمكن أن تستخدمه من أدوات وأشياء مثل: شماغ للرأس؟ والحذاء؟ ومغطس الاستحمام؟ والسيارة؟ 3. إذا كان كتابك يستطيع التحدث معك ، ماذا يمكن أن يقول لك ؟ 4. اصنع قطعة كاكاو بشكل جديد للطلبة في فصلك. اجعلها لذيذة وجذابة. صمم غلافاً لها يمكن أن يساعد على زيادة تسويقها . 5. صمم شعاراً خاصاً للاعب كرة قدم مشهور في البلد. صمم شعاراً آخر لاستخدامه في المؤسسات الحكومية، وصمم شعاراً ثالثاً لمديرك	أنشطة

في المدرسة . وآخر خاص بك .

6. اخترع منتج جديد مكون من: أطباق ورقية ، وملاعق بلاستيكية، ومناديل ورقية ، وأعواد مصاص بلاستيكية . أطلق اسماً على منتجك الجديد ، صف استعمالاته وفوائده.

7. ألف نهاية جديدة وغريبة لقصة مألوفة.

8. اخترع أحرفاً جديدة للغة.

9. اختر رقمك المفضل، صفه بطريقة جديدة وغير مألوفة.

10. اخترع تصميماً جديداً باستخدام المثلثات.

11. صف حيواناً خرافياً . اذكر أين يعيش ؟ ماذا يأكل ؟ ما هي فوائده وما مضاره على الإنسان؟

12. صمم منزلاً يصلح للسكن تحت الماء.

13. اخترع لعبة خشبية جديدة وغير مألوفة.

المهارة	اتخاذ القرار
تعريف	القرار هو المفاضلة بين حلول بديلة لمواجهة مشكلة محددة، ومن ثم اختيار الحل الأمثل من بينها. وصُنع القرار هو عملية ديناميكية مستمرة تهدف إلى إحداث تغييرات جوهرية في النظام التقليدي، أو الوصول إلى نتائج إيجابية حول قضية أو موقف، أو الوصول إلى حل مناسب حول مشكلة معينة بالاعتماد على معلومات وبيانات صحيحة
مثال	نموذج لمشكلة تتطلب اتخاذ قرار: يطرح المعلم على الطلاب المشكلة التالية، ثم يناقش أبعاد المشكلة معهم في محاولة للوصول إلى قرار مناسب لحل المشكلة: موضوع المشكلة: استعرض مدير المدرسة مستوى الطلاب في جميع فصول الصف الثاني الثانوي، فوجد تدنياً واضحاً في مستوى اللغة العربية في أحد الفصول، على الرغم من أن المعلم يبذل مجهوداً واضحاً في تدريس المادة. خطوات اتخاذ القرار تجاه المشكلة: يقوم مدير المدرسة بتحديد أسباب المشكلة وجمع المعلومات المتعلقة بها، وهذه هي الخطوة الأولى في اتخاذ قرار تجاه المشكلة. ويمكن الحصول على المعلومات من مصادر بشرية، أي من طلاب الفصل المتدني. ثم التفكير في النتيجة المتوقعة لحل المشكلة، وهي البحث عن الوسيلة لتحسين مستوى الطلاب في اللغة العربية. ويُعتبر هذا الإجراء هو الخطوة الثانية في اتخاذ قرار تجاه المشكلة. أما الخطوة الثالثة فتتمثل في مناقشة مدير المدرسة مع المعلم والطلاب حول كيفية الوصول إلى حلول للمشكلة ووضع تصورات حول الحلول الممكنة، ومن ثم صياغة المشكلة في صورتها النهائية لاتخاذ قرار بشأنها. أما الخطوة الرابعة فتتضح في التفكير في حلول بديلة مثل: تخصيص حصص إضافية لتدريس مادة اللغة العربية، أو منح المعلم مكافأة مالية أو شهادة تقدير في حالة تحسن مستوى الطلاب في اللغة العربية. أما الخطوة الخامسة والأخيرة في اتخاذ قرار تجاه المشكلة فهي كيفية الوصول

	إلى الهدف أو النتيجة المرجوة، ومن ثم التأكد من صحة القرار عن طريق التطبيق السليم. يوضح المعلم للطلاب أن اتخاذ القرار المناسب لن يتحقق إلا بعد تفكير منظم، ومن خلال إتباع خطوات منطقية ومتسلسلة، مثل: 1. تحديد المشكلة وأسباب حدوثها. 2. اقتراح الحلول المناسبة للمشكلة، ومن ثم استبعاد الحلول البديلة الأخرى التي لا يتحقق معها الهدف. 3. تحديد الهدف المطلوب والنتيجة المرجوة تجاه المشكلة، ومن ثم التطبيق السليم.
أنشطة	أولاً: يطرح المعلم مشكلة التدخين وكيفية الإقلاع عن هذه العادة السيئة، على بعض الطلاب المدخنين، ثم يشترك معهم في مناقشة المشكلة، ثم يرصد ملاحظاتهم تجاه المشكلة، وكيف يتخذ هؤلاء الطلاب المدخنون قرارهم النهائي المتعلق بحل هذه المشكلة بهدف الإقلاع عن التدخين: • ما الخطوات التي تم إتباعها في أثناء مناقشة المشكلة؟ • كيف استثمر الطلاب خبراتهم السابقة في حل المشكلة؟ • هل فكر الطلاب في الوصول إلى بدائل لحل المشكلة؟ • ما الخطوات التي تم إتباعها لتنفيذ القرار النهائي تجاه المشكلة؟ ثانياً: صدر قرار عن الوالدين يقضي بتأجيل الذهاب إلى المصيف خلال الإجازة الصيفية لأن أحمد - وهو أحد الأبناء - قد رسب في مادة اللغة الإنجليزية، ولذا فإن الأسرة سوف تؤجل الذهاب إلى المصيف حتى يؤدي أحمد امتحان الدور الثاني.. يناقش المعلم طلابه في الآتي: • هل من الأفضل أن يتخذ الوالدان - بمفردهما - قرار تأجيل الذهاب إلى الصيف؟ • هل يمكن لأشقاء أحمد المشاركة في اتخاذ هذا القرار؟ ولماذا؟ • هل من الأفضل أن يشترك أحمد في اتخاذ هذا القرار؟ ولماذا؟

ثالثاً: يحدد الطالب البدائل المناسبة التالية عندما يقرر الانتقال من مدرسته الحالية إلى مدرسة أخرى:

1- لأن المدرسة الأخرى التي يريد الانتقال إليها قريبة من منزله.

2- المدرسة الأخرى تطبق برامج أنشطة متكاملة.

3- المعلمون في المدرسة الأخرى أكفأ من معلمي مدرسته الحالية.

4- يفضل الوالدان المدرسة الأخرى على المدرسة الحالية.

5- تنصح إدارة المدرسة الحالية بتأجيل الانتقال إلى مدرسة أخرى عند بداية العام الدراسي القادم.

يذكر الطالب مبررات الانتقال إلى المدرسة الأخرى من خلال بديل واحد. وما القرار الذي ينوي اتخاذه؟ ولماذا؟

رابعاً: قررت إدارة المدرسة توجيه دعوة لك للاشتراك في ندوة سوف يتم تنظيمها خلال الأسبوع القادم حول ظاهرة (انتشار الجريمة بين بعض الشباب). وفي نفس يوم انعقاد تلك الندوة، سوف يتم تنظيم رحلة علمية لزيارة محطة الأقمار الصناعية، ولقد فوجئت بتوجيه دعوة من أحد زملائك الطلاب للاشتراك في تلك الرحلة. فما القرار الذي سوف تتخذه في هذا اليوم؟

- هل تنفرد باتخاذ قرارك النهائي؟ أم هل تستشير أسرتك ومعلمك وأصدقائك في اتخاذ القرار؟

- هل تفكر في الاشتراك في الندوة وتُسهم فيها بالحوار والمناقشة واقتراح الحلول المناسبة لعلاج المشكلة؟ أم هل تذهب مع أصدقائك لزيارة محطة الأقمار الصناعية لكي تستفيد علمياً من خلال تلك الرحلة؟

- أيهما أفضل وأكثر فائدة لك، الاشتراك في الندوة، أم الذهاب إلى الرحلة؟

- هل يمكنك اتخاذ قرار بتأجيل الذهاب إلى محطة الأقمار الصناعية إلى رحلة أخرى؟

- هل من الأجدى أن يناقش الطالب مع زملائه القرار الذي اتخذه؟ ولماذا؟

- يوجه الطالب إلى نفسه السؤال التالي: هل القرار الذي اتخذته قرار مناسب؟ ولماذا؟

المهارة	الاستماع
تعريف	الاستماع وسيلة إلى الفهم والتفكير، وهو كذلك وسيلة الاتصال بين المتحدث والسامع. كما أن الاستماع بمثابة تركيز الانتباه لآراء وأفكار ومشاعر وتعبيرات الآخرين اللغوية والجسدية. وهي مهارة اتصال غالباً ما تستخدم في الحياة اليومية، وقليلاً ما يستغني عنها الإنسان في مواقف الحياة التي يواجهها.
مثال	أولاً: يوضح المعلم للطلاب الهدف من النشاط الذي يحدث فيه الاستماع، ويجب أن يكون هذا الهدف واضحاً ومفهوماً في أذهان الطلاب، وأن يقدروه ويدركوا قيمته في حياتهم الدراسية. ثانياً: ينبه المعلم الطلاب إلى ضرورة تذكر الخبرات السابقة لديهم، ثم ربطها بالخبرات الحالية والتي يمكن اكتسابها من خلال النشاط الذي يستمعون إليه. ثالثاً: يعطي المعلم اهتماماً بالألفاظ غير المألوفة والصحية، ويتطلب ذلك أن يكون المعلم على دراية بالألفاظ التي تُستخدم في النشاط الذي يستمع إليه الطلاب. رابعاً: يُوجه المعلم طلابه إلى عناصر الحديث المسموع، وإلى أهم النقاط الواردة فيه، واستخراج الأهداف واستخلاص النتائج. خامساً: ينبه المعلم طلابه إلى ضرورة التفكير فيما يهدف إليه الحديث، حيث إن الطلاب – عادةً – ما يرغبون في معرفة ما الذي يجب أن يحصلوا عليه من هذا الاستماع وكيف يلتقطون الأخبار. سادساً: يدرب المعلم طلابه على تدوين الملاحظات في أثناء الاستماع، وكتابة تلخيص ما يستمعون إليه، وإعداد تخطيط لموضوع الحديث المسموع. سابعاً: يدرب المعلم طلابه على الرجوع إلى مصادر المعلومات (المطبوعة وغير المطبوعة) المرتبطة بموضوع الحديث المسموع، أو المحاضرة أو المناظرة المطروحة للنقاش. وهذا سوف يساعد الطلاب على تنظيم أفكارهم، وفي تذكير ما سمعوه، وفي ثراء معلوماتهم حول موضوع الحديث. وتدريب الطلاب على الاستماع المثمر، سوف يساعدهم على حُسن الإصغاء والاستجابة الفعالة، وحصر الذهن، ومتابعة المتحدث، وسرعة الفهم. وتلك القدرات يحتاج إليها الطالب في جميع المراحل الدراسية.

وأي نشاط يتم فيه تدريب الطالب على الاستماع فيه ثروة لغوية وإضافات فكرية للطالب. فالسامع لا بد أن يسمع شيئاً ما مثل نص ما أو مادة مقروءة أو حديث أو قصة أو نحو ذلك. وهذه كلها أنشطة لغوية تساعد على تنمية مهارة الاستماع. ويستطيع الطالب أن يستثمر ما سمعه في تعبيره الشفهي أو في أحاديثه الخاصة، وكذلك في كتاباته التحريرية والتعبير عن آراءه، وفي توضيح أو تفسير أو شرح لبعض المواقف التي تتطلب ألواناً من النشاط اللغوي المتعدد.	
أولاً: يستمع الطلاب إلى مادة مسجلة مثل: ندوة أو مناظرة أو محاضرة، ثم يدون كل طالب وجهة نظره في موضوع المادة المسجلة من حيث الآتي: • هل اشتملت المادة المسجلة على مشكلة تحتاج إلى حل؟ • هل حدثت استجابات أو ردود فعل سلبية أو إيجابية تجاه موضوع المادة المسجلة مثل: السرور - عدم الرضا - الموافقة - الرفض... الخ؟ • هل لدى الطلاب أسئلة أو تعليقات يريدون طرحها حول موضوع المادة المسجلة؟ • هل يرغب الطلاب في استخدام مصادر معلومات بهدف معرفة المزيد حول موضوع المادة المسموعة؟ • هل قام الطلاب بتدوين ملاحظات حول موضوع المادة المسموعة؟ • هل تم استخلاص الأفكار الرئيسية والأفكار الفرعية المتضمنة في المادة المسموعة؟ ثانياً: يكلف المعلم كل طالب بإعداد تقرير حول أحد البرامج الإذاعية الثقافية أو الاجتماعية، بحيث يتضمن التقرير ما يلي: 1. ذكر الأحداث أو الوقائع أو الشخصيات التي وردت في البرنامج. 2. وضع أسئلة وإجابات حول عناصر البرنامج. 3. الإضافات الفكرية الثقافية التي استفادها كل طالب من البرنامج. 4. التفكير في حلول للمشكلات المطروحة في البرنامج. ثالثاً: يقرأ المعلم على الطلاب بصوت مسموع خبراً مهماً من صحيفة يومية. يركز الطلاب انتباههم وأسماعهم لمضمون الخبر، ثم يقوم المعلم برصد سلوك الطلاب من حيث الآتي:	أنشطة

1. هل كان استماع الطلاب للخبر استماعاً هامشياً أم كان استماعاً مركزاً؟

2. هل كانت انفعالات الطلاب تعبر عن السرور، أم كانت تعبر عن عدم الرضى إزاء ما جاء في الخبر؟

3. هل قام الطلاب بتحليل الخبر؟ أم تم إهماله؟

4. هل قام الطلاب بطرح أسئلة حول الخبر بهدف فهم مضمونه فهماً جيداً؟

5. هل أضاف الخبر للطلاب معلومات جديدة؟

<table>
<tr><td>المهارة</td><td>مراقبة الأشياء بعناية</td></tr>
<tr><td>تعريف</td><td>المفكرون الجيدون هم مراقبون جيدون. والمفكرون الجيدون هم أيضاً جيدون في سؤال أنفسهم أسئلة حول الأشياء التي يراقبونها.
جذع الشجر دائري. لماذا؟
إشارات الوقوف حمراء. لماذا؟
أقلام الرصاص مصنوعة من الخشب. لماذا؟
الأسماك لديها حراشف. لماذا؟
إن اغلب الأشياء التي تخصنا لديها خصائص أو مميزات خاصة يمكننا مراقبتها إذا نظرنا بعناية.
<table>
<tr><td>الشكل</td><td>الاستخدامات</td><td>الأجزاء</td></tr>
<tr><td>اللون</td><td>المواد</td><td>الحجم</td></tr>
</table>
تشكل الأحرف الأولى لهذه الخصائص الست كلمة "شلسمجح". تذكر هذه الكلمة وهكذا يمكنك تذكر ست خصائص مشتركة للأشياء.
عادة ما يكون للأشياء المصنوعة من قبل الطبيعة أو الأشياء المصنوعة من قبل الإنسان شكل، ولون معين وخصائص أخرى لسبب خاص. ابدأ بسؤال نفسك عن تلك الأسباب وستبدأ برؤية عالمك بطريقة مختلفة تماما.</td></tr>
<tr><td>مثال</td><td>دوّن أربع خصائص على الأقل قمت بمراقبتها لكل من الأشياء التالية. آمل أن تستطيع إيجاد المزيد. واستخدم كلمة "شلسمجح" لمساعدتك . اكتب سبب وجود كل من الخواص التي أدرجتها للشيء.
<table>
<tr><td>الأشياء</td><td>الخصائص</td><td>أسباب الخاصية</td></tr>
<tr><td>1- قرميد</td><td>صلب
خشن
ثقيل</td><td>لا ينكسر أو يهترئ
يلتصق الإسمنت بقوة
لا يسقط الجدار بسهولة
يركب فوق بعضه بسهولة ليشكل جدراناً.</td></tr>
</table>
</td></tr>
</table>

<table>
<tr><td></td><td></td></tr>
<tr><td>أنشطة</td><td>

الأشياء	الخصائص	أسباب الخاصية
1- عملة		
2- علم		
3- الشجرة		
4- قلم رصاص		
5- إطار السيارة		

</td></tr>
</table>

التخيل	المهارة
إطلاق العنان للأفكار دون النظر للارتباطات المنطقية أو الواقعية أو الالتزامات. وهو أعلى مستويات الإبداع وأندرها، ويتحقق فيه الوصول إلى مبدأ أو نظرية أو افتراض جديد كليا، ويترتب عليه ازدهار أو بروز مدارس وحركات بحثية جديدة، كما يظهر ذلك في أعمال آينشتاين وفرويد وبيكاسو.	تعريف
تصور نفسك ابراهام لنكولن...الرئيس السادس عشر للولايات المتحدة الأمريكية(وقفة)..لقد تم انتخابك الآن رئيسا وأنت على وشك إلقاء الخطاب الرئاسي للأمة(وقفة)...انظر للشعب...كم عددهم؟...ماذا يلبسون؟...هل مشاعرهم حسنة تجاهك؟(وقفة)...بدأت بالتحدث إليهم...أعطيهم وعودا...تشاطرهم الآمال للوطن...تسأل أن يساعدوك...استمع لما تقول(وقفة)...ما مدى تجاوب الناس مع ما تقول؟...هل يظنون أنك مخلص؟هل أنت صادق معهم؟هل تقول لهم الحقيقة؟(وقفة)...الآن أتمم خطابك وانظر كيف يتجاوب معك الجمهور . هل يصفقون؟هل يسخرون؟...هل يطرحون أسئلة؟(وقفة)...أكمل هذه الخبرة واستعد للرجوع إلى غرفة الصف(وقفة)...عندما أعد لثلاثة خذ نفسا عميقا... المناقشة: اجعل الأشخاص يناقشون الأسئلة التي طرحت في هذا النشاط التخيلي. نشاط إضافي: اجعل الأشخاص يعيدون كتابة خطبهم بصيغة المتكلم كما لو كانوا السيد لنكولن استخدم صورة حيوان ما أو شخص ما . واطرح أسئلة حولها للمناقشة على نحو : ما الذي يفعلونه الآن ؟ لماذا ؟ أين هم ؟ كيف يشعرون ؟ ماذا حدث ؟ ماذا سيحدث ؟	مثال
1-دعنا نتنفس بعمق معا...شهيق...زفير...شهيق...زفير....دع عضلات جسمك تسترخي كثيرا وأنت تتنفس(وقفة) ... الآن دع جميع اهتماماتك	أنشطة

تخرج....أخرجها مع الزفير ...استشعر بالسلام داخلك(وقفة)...تخيل أنك تسافر للوراء زمنيا ومكانيا إلى حيث عاش أجدادك ...لاحظ البيئة التي يعيشون فيها (وقفة)...ماذا يفعلون؟...ربما أنهم يصيدون... يزرعون... يبنون...يطبخون... يغنون... يبتدعون الفن... يتسلقون...يعتنون بالحيوانات...راقبهم بدقة كي يكون بمقدورك تذكر جميع التفاصيل عنهم(وقفة)...ماذا تلاحظ في حياتهم العائلية؟(وقفة)...ما أنواع الحيوانات الموجودة معهم؟(وقفة)...ما الألوان...والروائح...والأصوات التي تدركها؟(وقفة)...الآن،اختر أحدهم ...انظر إليه أو إليهما عن كثب ...لاحظ العمر...اللباس...وتعبيرات الوجه(وقفة)...تابعه(أو تابعها) في حياته أو حياتها اليومية...لديك دقيقة واحدة تعادل كل الوقت الذي تحتاجه لتتعلم كل ما بمقدورك تعلمه عن هذا الجد أو الجدة(وقفة) ...الآن عد لوعيك التام وأنت تجلس في غرفة الصف ...عندما أعد للعشرة ...افتح عينيك، واكتب عن أجدادك بصورة عامة ...ثم صف ذلك الجد الذي اخترته...وتذكر أن تضمّن في كتابتك جميع الألوان ...والروائح...والأصوات...بالإضافة إلى مشاعرك تجاه الأجداد.

المناقشة:

صف أجدادك وبشكل خاص الجد الذي اخترته

ماذا كان يفعل أجدادك؟

هل لديك أو لدى عائلتك شيء من لباس التراث الذي كان يلبسه أجدادك؟

ما الذي يجعل الجد الذي اخترته متميزا بالنسبة لك؟

2-تخيل بعض الاختراعات بعد 1000 سنة من الآن

3-ما الذي يمكن أن تراه لو كنت طائراً ؟

4-تخيل لو كنت شجرة داخل بيت يحتفل أهله بليلة زفاف . اكتب ما دار في ذهنك.

5-صف يوماً كاملاً في الفضاء الخارجي .

6-ابتكر شخصية جديدة لكي تحضر حفلة تنكرية .

7-اكتب نهاية لقصة تعرفها ، أو ألف نهاية لقصة لم تكتمل بعد .

8-تخيل أن الأرقام تستطيع الكلام . ماذا يمكن أن تقول ؟

9-تخيل شكل مائة فلس ، ثم ابتدع شكل الألف فلس ، ثم المليون فلس ، ثم البليون فلس .

10-تخيل لو كنت حشرة يطاردها ضفدع ، كيف ستشعر ؟ كيف ستتجنب الخطر؟	
11-تخيل أنك تستطيع اختراع سيارة جديدة لا تعمل بالبترول . كيف سيكون شكلها ؟	
12-تخيل أنك تعيش في العهد الأموي . صف ما يمكن أن تراه .	
13-ما التغيرات التي تحب أن توجد في العالم ؟	

المهارة	المرونة
تعريف	القدرة على توليد أفكار متنوعة ليست من نوع الأفكار المتوقعة عادة، وتوجيه أو تحويل مسار التفكير مع تغيّر المثير أو متطلبات الموقف، والمرونة هي عكس الجمود الذهني الذي يعني تبني أنماط ذهنية محددة سلفا وغير قابلة للتغيّر حسب ما تستدعي الحاجة .
مثال	ما هى الاستخدامات الممكنة لإطارات السيارات القديمة؟ ■ بناء مصدات للرياح ■ بناء أسوار ■ صناعة كراسي مطاطية ■ حماية الجمهور أثناء سباق السيارات ■ استخدامها في مسابقات الأطفال
أنشطة	1. ما الاستخدامات المختلفة لأمشطة الشعر ؟ حاول أن تفكر في استخدامات متنوعة ومختلفة . 2. ما الذي يمكن أن تجده في غرفة فوضوية غير مرتبة ؟ 3. ما الاستخدامات الممكن لإطار سيارة قديم ؟ حاول أن تفكر في استخدامات متنوعة ومختلفة . 4. كيف تكون مرناً كالجبنة عند تعرضها للحرارة ؟ 5. قاعدة ذهبية : لا تكن عسراً فتكسر ولا ليناً فتعصر . 6. أكتب مقالا لا يحتوي على أي فعل ماض 7. فكّر في جميع الطرق التي يمكن أن تصممها لوزن الأشياء الخفيفة جدا 8. اختلف رجل وامرأته أرادا السفر في عطلة الربيع ، الزوج يفضل السفر بواسطة السيارة ؛ حيث إن الجو جميل ، أما الزوجة فتريد السفر عبر الطائرة ، وإلا فلا . . . حاول أن تجد حلاً مرناً ومناسباً لهذه المشكلة . 9.ابتاع رجل من آخر قطعة أرض ، وحينما قام المشتري بحرثها عثر على جرة مليئة بالدراهم ، فردها إلى صاحب الأرض الأول ، ولكنه امتنع عن أخذها معللاً بقوله : لقد بعتك الأرض وما فيها . وطال نقاشهما ثم رفعوا الأمر إلى القاضي ، فسأل القاضي الرجل الأول :

أعندك غلام ؟ قال : نعم ، وسأل الرجل الثاني : أعندك جارية ؟ قال : نعم . قال القاضي :

زوجوا الجارية للغلام وادفعوا لهما هذا المال لتيسير سبل زواجهما .

أين تكمن المرونة في هذا الموقف ؟

10.ما الكلمات الممكنة التي يمكن أن تحل مكان كلمة (قال) ؟

11.اختر قصة قصيرة ، واذكر طرقاً أخرى لحل مشكلة البطل فيها .

12.اذكر أكبر عدد ممكن من الأشياء التي يمكن قياسها . حاول أن تفكر في أشياء

متنوعة ومختلفة .

13.اذكر كل الأشياء التي لها شكل مربع . حاول أن تفكر في أشياء متنوعة ومختلفة .

14.اذكر أكبر عدد ممكن من المصطلحات التي لها علاقة بالفضاء .

15.فكر في كل الأماكن الممكنة التي يمكن للفراشة الاختباء فيها عن المطر .

16.اذكر أكبر عدد ممكن من المشكلات التي يمكن أن يواجهها رئيس الولايات المتحدة

الأمريكية . فكر في مشكلات متنوعة .

17.اذكر أكبر عدد ممكن من الكلمات المرتبطة بشهر رمضان المبارك . فكر في كلمات متنوعة.

المهارة	التفاصيل
تعريف	تناول فكرة أو عمل وإعطاء تفصيلات وتوسيعات ورسم خطوات تجعل هذه الفكرة عملية وتستخدم مهارة التفاصيل لجعل الفكرة أو المنتج أكثر وضوحاً ؛ فالتفاصيل إذاً هي مهارة استكشاف البدائل من أجل تعميق وتكامل الفكرة
مثال	جمل مبسطة لمساعدة الطلبة على عملية التفصيلات : ☐ ماذا يمكن أن تضيف لجعل . . . أفضل ؟ (لجعل القصة أكثر طرافة) ☐ كبر . . . (حجم المجسم وزينه ليصبح مجمعاً سكنياً) ☐ ارسم مربعاً على اللوح ، ثم افسح المجال لكل طالب للإسهاب وذلك عند الإضافة إلى الرسم ؛ الواحد منهم تلو الآخر .
أنشطة	1. استخدم كافة التفاصيل الممكنة لجعل الخريطة شاملة وأكثر وضوحاً . 2. أضف كافة التفاصيل الممكنة إلى الجملة . . كلمة بكلمة . 3. أضف كافة التفاصيل الممكنة إلى الكأس ، أو إلى أعواد المصاص لجعلها أكثر فائدة أو لجعل استخدامها مرحاً ومسلياً . 4. صمم ملعباً للمدرسة . 5. هيئ بيئة مناسبة لطيور الزينة في بيتكم . 6. أضف ، وزخرف الأشياء العادية التالية : علبة الحليب ، أكياس الورق، التلفون ، قطعة الصابون . 7. اكتب قصة ثم أضف إليها التفاصيل المناسبة لتكون أكثر إثارة . 8. اخلق نمطاً جديداً عن شخصية معروفة ، ثم أعد كتابة قصة مألوفة بإضافة هذه الشخصية ضمن أحداثها. 9. تعد الروايات مجالاً خصباً لمهارة التفاصيل . ألف رواية ذاكراً جميع التفاصيل الممكنة للأحداث . 10.أضف إلى المعادلات الحسابية كي تجعلها معادلات مختلفة لنفس الأرقام (مثال : 3+3=6 ، 1+3+3-1=6) 11.اجمع كلمات ومقالات من الصحف والمجلات توضح مفاهيم علمية مثل (الحرارة). 12.أضف متغيرات أخرى إلى التجربة ، وانظر إلى النتائج . 13.اذكر كافة التفاصيل الممكنة لتوضح حدثاً تاريخياً معروفاً لدى الطلبة .

14.صمم مخططاً لمبنى المدرسة ، وأضف إليه التعديلات المقترحة . 15.تكلم عن تفاصيل الوجه الذي أمامك ، ثم أضف تفصيلات من عندك على هذا الوجه ليبدو مسروراً مرة ، ومريضاً مرة أخرى ، وحزيناً مرة ثالثة . 16.أذكر لي تفاصيل الأحداث في الحلقة الأخيرة من المسلسل التلفزيوني ؟	

المهارة	الدمج
تعريف	وضع الأشياء والأفكار الموجودة بشكل منفصل مع بعضها البعض لإنتاج شيء له قيمة أكبر من مجموع أجزاءه
مثال	○ السيارة الأولى تم صنعها من خلال وضع محرك بنزين جديد مع عربة(هيكل) ○ جلست مجموعة من الأشخاص لمناقشة قضية استخدام الهاتف الجوّال في أثناء القيادة،وبعد عشر دقائق من المناقشة وجدت تفكير المجموعة على الشكل الآتي: ▪ يجب أن يكون هناك قانون يمنع استخدام الهاتف في أثناء القيادة. ▪ استخدام الهاتف في أثناء القيادة يسبب الكثير من الحوادث. ▪ يجب استثمار وسائل الإعلام لتوعية الناس بخطورة استخدام الهاتف في أثناء القيادة. تلاحظ أن النقاش الذي استمر لمدة عشر دقائق حول استخدام الهاتف الجوال في أثناء القيادة قد توقّف،ثم تم دمج كل الأفكار في ثلاث نقاط رئيسة. وتستطيع من عملية الدمج السابقة أن تتعرف على الفجوات التي يتم التفكير بها،وتحديد النقاط التي تحتاج إلى مزيد من التفكير.
أنشطة	1.ما هي الأفكار الجديدة التي يمكن أن تحصل عليها من وضع فكرة مجفف الشعر والمكنسة الكهربائية مع بعضها؟ 2.ضع أي اثنين من الأشياء التالية مع بعضها لتحصل على شيء جديد كم زوجا تستطيع التعامل معها بنفس الطريقة؟ (سلم-مكنسة-خيمة-فرشاة دهان-خرطوم-حديقة-سلة قمامة-سكيت تزلج) 3.ضع جميع الفقرات التالية مع بعضها لتعمل قصة تشتمل على جميع هذه الفقرات (كلب أعرج،رجل شرطة،قطعة علكة،ممرضتان باللباس الموحد) 4.بعد إجراء نقاش حول ما إذا كانت السيارات الكبيرة أفضل أم السيارات الصغيرة،وجدت المجموعة تفكيرها كالآتي:"العديد من الأشخاص يفضلون السيارات الكبيرة-السيارات الكبيرة أكثر راحة ورفاهية من السيارات الصغيرة-السيارات الصغيرة تستهلك قليلا من الوقود-يجب أن تشجع الدولة الأفراد

على اقتناء السيارات الصغيرة-السيارات الكبيرة أكثر أمانا".

من خلال الدمج السابق،اختر أي نقطة تحتاج إلى مزيد من التفكير وقم بمناقشتها.

5.تشكو العديد من الدول في القارة الأفريقية الفقر والمجاعة على الرغم من وجود أراض شاسعة تصلح للزراعة وتربية الماشية.ناقش هذا الموضوع،ثم ادمج أفكارك وفق نتائج النقاش.

6.بعد إجراء نقاش حول ما إذا كان الأطفال قادرين على أن يساهموا في بعض أعمال البيت وشؤونه،وجدت المجموعة تفكيرها كالآتي:"بعضهم شعر بأن ذلك ليس عدلا؛لأن الطفولة مرحلة للتسلية واللهو،وبعد يوم من التعب يقضيه الطفل في المدرسة فإنه يحتاج إلى المرح واللعب.لكن الآخرين قالوا:"إن الآباء اللطفاء يعملون من أجل دفع الفواتير جميعها،والأطفال يجب أن يساهموا في المساعدة ضمن قدرتهم،مثل القيام بأعمال المنزل أو بعضها". ما هي الفجوات التي تستطيع إيجادها في تفكير المجموعة؟

من خلال الدمج التالي اختر أي نقطة تحتاج إلى مزيد من التفكير :

7.الموضوع:الرياضة والتلفاز

"الكثير من الأشخاص يحبون مشاهدة البرامج الرياضية وخصوصا مباريات كرة القدم على التلفاز،لكن ذلك لا يعني إجبار كل الأشخاص على مشاهدة الرياضة،فهناك العديد لا يحبون مشاهدة البرامج الرياضية"

8.قم بمناقشة موضوع "خطر الأسلحة النووية على المجتمعات البشرية"،وتوسّع في هذا الموضوع،وبعد ذلك ادمج أفكارك.

9.كيف يمكن دمج عناصر من تراثنا الحضاري مع ما توصلت إليه العلوم الطبية في عصرنا للحفاظ على صحة الإنسان؟

المهارة	الفهم
تعريف	الفهم هو استيعاب المواد المقروءة، بحيث يتم من خلاله إدراك المعنى وتصوره، وهو الشرح والتفسير، وهو كذلك التفكير الذي يحاول حل الرموز المكتوبة واستنتاج الأفكار الرئيسية والفرعية في المواد المقروءة، وهو كذلك القدرة على تتابع وتسلسل الأفكار الواردة في النص المقروء. يهتم بعض المعلمين بدرجة كبيرة بتمهير الطلاب على مستويات الفهم واستيعاب ما تعلموه وتفسير المفاهيم والمصطلحات بلغتهم وتصوراتهم بعيداً عن الحفظ والاستظهار واسترجاع المعلومات استرجاعاً آلياً؛ لذا، فإن هذه الفئة من المعلمين يمتد أثرهم على مستوى فهم الطلاب، بحيث يستطيع الطلاب تحليل وتفسير النصوص المقروءة وتجزئتها إلى عناصرها. كما يستطيع الطلاب تقويم النصوص تقويماً نقدياً، وفهم الروابط بين أجزاء الجملة الواحدة، وفهم العلاقة بين الجُمل، وبين السبب والنتيجة، والعام والخاص، وبين التعبير والتفكير.
مثال	النشاط التطبيقي: أولاً: يقرأ الطالب النص التالي قراءة واعية، ثم يقوم المعلم بمناقشة النص مع الطالب لاستنباط الإجابات المطلوبة على الأسئلة المصاحبة للنص: ومحكمية العدل الدولية هي الهيئة القضائية الأساسية التي ترجع إليها الأمم المتحدة. وتباشر المحكمة مهامها وفقاً للقانون الخاص الموضوع لها. وهذا القانون هو جزء لا يتجزأ من ميثاق الأمم المتحدة. والمحكمة مباحة للدول التي صدقت على قانونها، ومن بينها بطبيعة الحال كافة الدول الأعضاء في الأمم المتحدة. أما الدول غير الأعضاء فيجوز انضمامها بشروط تحددها الجمعية في كل حالة، بناءً على توصية من مجلس الأمن. ويشمل اختصاص المحكمة القضائي جميع المنازعات التي تحيلها إليها الدول، وكل المسائل التي نص عليها ميثاق الأمم المتحدة، أو المعاهدات أو الاتفاقات المعمول بها. 1. يشرح الطالب المفاهيم والمصطلحات التالية والتي اشتمل عليها النص موضحاً معناها ومهام كل منها: ❖ الهيئة القضائية. ❖ ميثاق الأمم المتحدة. ❖ الجمعية العامة للأمم المتحدة.

	❖ اختصاص المحكمة القضائي. 2- ما النشاط الرئيسي لمحكمة العدل الدولية؟ 3- هل تُعتبر محكمة العدل الدولية جهازاً تابعاً للأمم المتحدة، أم جهازاً مستقلاً؟ 4- يلخص الطالب النص السابق في حدود أربعة أسطر موضحاً الفكرة الرئيسية والأفكار الفرعية التي وردت في النص.
أنشطة	يقرأ الطالب النص التالي قراءة متأنية، ثم يقوم بتنفيذ التعليمات التالية: 1- استخراج الفكرة الرئيسية للنص. وكذلك الأفكار الفرعية. 2- اقتراح عنوان مناسب للنص. 3- تلخيص النص، بحيث لا يخل التلخيص بمضمون النص، مع المحافظة على الفكرة الرئيسية والأفكار الفرعية. 4- وضع أسئلة مناسبة حول مضمون النص التالي: " من الأعمال التي تقوم بها اليونسكو (منظمة التربي والثقافة والعلوم) تنظيم المؤتمرات واجتماعات الخبراء في شتى أنحاء العالم، وتنسيق الجهود العلمية الدولية، وتوحيد أساليب التوثيق، ودعم خدمات تبادل المعلومات، ومساعدة المنظمات غير الحكومية، وإصدار مجموعات كبيرة ومتنوعة من المطبوعات والمؤلفات، بما في ذلك المراجع وكتب الإرشاد، وإقرار الاتفاقات الدولية في مجال الثقافة والتربية والعلوم. ويمكن أن نقول إن اليونسكو تسعى إلى تنظيم البنية الأساسية الفكرية للحضارة الحديثة في شمولها وطابعها العلمي ".

المهارة	الاستيعاب
تعريف	القدرة على فهم العلاقات بين أنواع المعرفة، وهو كذلك القدرة على تحليل وتفسير المواد المقروءة وتجزئتها إلى عناصرها، وهو أيضاً القدرة على قراءة النصوص بهدف استخلاص التفاصيل الهامة والوصول إلى الأسباب والنتائج.
مثال	نموذج على مهارة الاستيعاب: يقرأ الطالب النص التالي قراءة سريعة، وقراءة أخرى متأنية، ثم يُدون ملاحظاته حول قدراته في استيعاب الأفكار الرئيسية والأفكار الفرعية التي اشتمل عليها النص: "إذا كنت قارئاً عادياً فباستطاعتك قراءة الكتاب العادي بسرعة لا تقل عن (300) ثلاثمائة كلمة في الدقيقة الواحدة، ولكنك مع ذلك لن تتمكن من المحافظة على هذا المستوى من السرعة إلا إذا كنت تقرأ يومياً وبانتظام. كما أنك لن تصل هذه السرعة في القراءة إذا كانت الكتب في المجالات الصعبة مثل العلوم والاقتصاد والزراعة والرياضيات والكيمياء... الخ. أو إذا كانت تتناول موضوعات جديدة عليك أو درايتك بها قليلة. ولنتأمل معاً ما يمكن أن يفعله القارئ العادي كان في مقدوره أن يقرأ (300) ثلاثمائة كلمة في الدقيقة الواحدة. إن ذلك معناه أنه يستطيع أن يقرأ (4.500) أربعة آلاف وخمسمائة كلمة في (15) دقيقة خمسة عشرة دقيقة، وإذا ضربنا هذا الرقم في (7) وهي عدد أيام الأسبوع، فإن الناتج يكون (31.500) كلمة. وإذا ضربنا هذا الرقم في (4) وهي أسابيع الشهر الواحد لوجدنا أن الناتج (126.000) كلمة: بقي أن نضرب هذا الرقم في (12) وهو عدد شهور السنة الواحدة لكي يصل الناتج إلى (1.512.000) كلمة. وهذا هو المجموع الكلي للكلمات التي يمكن للقارئ العادي أن يقرأها بمعدل (15) دقيقة يومياً لمدة عام واحد".
أنشطة	يقرأ الطالب النص قراءة استيعاب، ثم يجيب على الأسئلة الواردة في نهاية النص: "حقاً إن حياتنا من صنع أيدينا، وأننا لا نستطيع أن نجني منها إلا بقدر ما نزرع فيها، فالنجاح أو الفشل، وليد العمل أو الكسل، هذا هو القانون الطبيعي، وما يسميه الناس حظوظاً ونحوساً ليس إلا منا وفينا. إن حياتنا في القرن الحادي والعشرين هي حياتنا المعاصرة أكثر من الجد والعزم، واغتنام

| الفرص وتوجيهها التوجيه الصالح المثمر في حياة الفرد وحياة المجتمع. إن من الواجب أن نستبعد الحظ من حياتنا ونسقطه من حسابنا، وأن نعتقد أن المصادفة والنحس والحظ والسعد – كما يفهمها عامة الناس – هي ألفاظ لا وجود لها إلا في معاجم الضعاف والكسالى الخاملين. فهل وعيت أيها الشاب ما قرأت، واتخذت منه دستوراً تسير عليه، لتصيب ما تريد من نجاح، وتحقق لبلادك ما تصبو إليه من تقدم". | |

1- هل يُعبر النص السابق عن تفكير عملي أم تفكير وجداني؟

2- كيف يوضح الطالب أثر التصديق بهذه الأفكار في حياة المجتمع؟

3- الأعمال العظيمة لم تكن وليدة الحظ... يستخرج الطالب من النص السابق ما يوافق هذه الجملة.

4- يطرح الطالب أسئلة حول الأفكار الرئيسية والأفكار الفرعية في النص السابق، محاولاً استنباط الإجابات من سياق النص.

المهارة	الملاحظة
تعريف	الملاحظة هي توجيه الذهن والحواس نحو ظاهرة من الظواهر بهدف دراستها، وتتطلب عمل الحواس وإعمال الذهن لتنظيم الملاحظات والتعرف على ما هو هام وما هو أقل أهمية. والملاحظة أيضاً هي نشاط يتطلب استخدام قدرات منظمة تم اكتسابها عن طريق التعلم. وتشكل الملاحظة جزءاً من عمليات التفكير المنظم المتسلسل.
مثال	تعتبر الملاحظة من أكثر أدوات الحصول على المعلومات فاعلية في دراسة الظواهرالمتنوعة، والملاحظة نوعان: 1- ملاحظة مباشرة: وهي التي يخطط لها الباحث، وتكون موجهة ومركزة لملاحظة ظاهرة معينة للوقوف على صفاتها وخواصها والاستفادة منها في معرفة الحقائق المختلفة. 2- ملاحظة غير مباشرة: وهي الملاحظة العضوية، أو هي الملاحظة غير المباشرة التي ينتج عنها تعميمات بسيطة تكون أحياناً صحيحة وأحياناً غير ذلك. الملاحظة العلمية: للملاحظة أهمية كبيرة في التفكير العلمي حيث يقوم عليها ويتقيد بها، وهي الأساس الذي يُمكن الإنسان من الشعور بمشكلة من المشكلات، أو اقتراح فرض من الفروض. كما أن الملاحظة ضرورية لاختبار صحة الفرض وسلامة الاستدلال. ولكي تقوم الملاحظة بدورها في التفكير العلمي، لا بد أن تتوافر فيها شروط من أهمها. - أن تكون الملاحظة دقيقة. - أن تكون الملاحظة شاملة. - أن تتم الملاحظة تحت مختلف الظروف. - ألا نخلط بين الملاحظة والحكم. - ألا يهمل في الملاحظة النادرة أو الشاذة. - أن تشمل الملاحظة سائر وجود الشيء الذي نلاحظه.

	وفي ظروف الملاحظة العادية غير المباشرة نشاهد الأشياء على طبيعتها دون أن نحاول التدخل في مسارها أو التأثير عليها. أما في التجربة، فإننا نحاول إخضاع العوامل التي تؤثر في ظاهرة من الظواهر لسيطرتنا لكي نشاهد وندرس الآثار المترتبة على ذلك.
أنشطة	يناقش المعلم طلابه حول أفضل الأساليب لملاحظة المواقف التالية: الموقف الأول: باحث في علوم الحيوان يريد ملاحظة تصنيف المملكة الحيوانية من حيث: الأولويات (وحيد الخلية)، الرخويات، اللافقاريات الأخرى، والحبليات (الفقاريات)، والرهليات، والزواحف والطيور، والثدييات. الموقف الثاني: طبيب يلاحظ مريضاً بحمى الملا ريا من حيث الآتي: - أعراض المرض. - شعور المريض بالبرد والرجفة. - ارتفاع درجة حرارة جسم المريض. - ارتفاع أو انخفاض ضغط الدم عند المريض. الموقف الثالث: معلم رصد ويلاحظ السلوك السلبي لطلاب الصف الأول الثانوي من حيث: - نسبة غياب الطلاب ومقارنتها بنسبة الحضور. - مستوى الشغب الذي يحدثه الطلاب داخل المدرسة. - وجود بعض الطلاب المدخنين. - مستوى تحصيلهم الدراسي. - البحث عن الحلول المناسبة لعلاج هذه الظاهرة. الموقف الرابع: ضابط مرور يلاحظ حركة المرور صباحاً في أثناء الفترة التي يذهب فيها الموظفون إلى أعمالهم، والطلاب إلى المدارس والجامعات، يلاحظ الآتي: - نسبة الخارجين على نظام السير من حيث السرعة وعدم الالتزام بإشارة المرور. - نسبة كثافة السيارات في الشوارع الرئيسية. - دراسة أسباب مشكلة ازدحام السيارات، ومن ثم البحث عن حلول لها.

	التذكر	المهارة
التذكر هو أبسط أنواع المعرفة، ويعني القدرة على تخزين المعلومات في الذاكرة، ثم استرجاعها وقت الحاجة إليها. ودائماً ما يحتاج الطالب إلى استخدام هذه المهارة عند استرجاع الحقائق والنظريات والقواعد والمعادلات والمصطلحات والأحداث والوقائع والأرقام... الخ.		تعريف
نموذج للتدريب على مهارة التذكر: - هل من السهولة أن يتذكر الطالب رقم هاتف يتكون من سبعة أرقام عندما يسمعه أو يقرأه لأول مرة، مثل الرقم 5860896. - هل يستطيع الطالب أن يحتفظ بهذا الرقم بسرعة أو أن يتذكره بعد ساعة أو ساعتين أو بعد يوم أو يومين؟ في الواقع أن الطالب لا يستطيع تذكر هذا الرقم إلا إذا قام بتجزئته إلى ثلاثة أجزاء، حيث سيكون الرقم على النحو التالي: 96 - 608 - 58 لأن الأجزاء الثلاثة تجعل تذكر الرقم مكناً بدرجة أكبر. وينطبق المثال السابق أيضاً على قوائم الكلمات، التي قد يقرأها الطالب ثم يحاول تذكر بعضها، مثال على ذلك ما يلي: ورق – جرس الباب – برتقال – أقلام – هاتف – تفاح – كتب – ساعة حائط – خوخ. بعدما ينتهي الطالب من قراءة الكلمات السابقة، يحاول أن يتذكر أكبر عدد من الكلمات المسجلة في هذه القائمة. وإذا لم يستطع، فعليه أن يصنف الكلمات إلى ثلاثة أنواع كما يلي: النوع الأول: ينتمي إلى الفاكهة مثل: البرتقال – التفاح – الخوخ. النوع الثاني: ينتمي إلى أدوات الكتابة والقراءة مثل: الورق – الأقلام – الكتب. النوع الثالث: ينتمي إلى آلات التنبيه، مثل: ساعة الحائط – الهاتف – جرس الباب. نموذج آخر للتدريب على مهارة التذكر: يُفترض الطالب أنه يحاول تذكر اسم زميل له لم يشاهده منذ بضع سنوات. في هذه الحالة يحاول أن يتذكر مبنى المدرسة والطلاب الآخرين وملامح هذا		مثال

	الزميل. فقد يكون أحد هذه الأشياء مرتبطاً في ذهنه باسم زميله، وهذه الطريقة في التفكير والبحث حول جميع جوانب هذا الموضوع لا شك أنها سوف تفيده أو تساعده في تذكر اسم زميله.
أنشطة	أولاً: يكلف المعلم الطلاب بالإطلاع على خريطة للعالم العربي لمدة ثلاث دقائق فقط، ثم يحاول الطلاب تذكر بعض البيانات والمعلومات التي اشتملت عليها الخريطة، ثم يطرح المعلم على الطلاب الأسئلة التالية: 1- ما الحدود الشمالية والحدود الجنوبية لجمهورية السودان؟ 2- ما عدد دول الخليج العربية التي لاحظتها على الخريطة؟ 3- ما أسماء دول المغرب العربي؟ 4- كم دولة عربية تقع على البحر الأبيض المتوسط؟ 5- كم دولة عربية تقع على البحر الأحمر؟ 6- ما الحدود الشرقية للمملكة العربية السعودية؟ ثانياً: يكلف المعلم أحد الطلاب بقراءة النص التالي قراءة سريعة، ثم يحاول ان يتذكر الأفكار الرئيسية التي اشتمل عليها النص. يقرأ الطالب النص قراءة أخرى متأنية، ثم يحاول أن يتذكر الأفكار الفرعية والتفصيلية التي اشتمل عليها النص التالي: " تتعدد الأسباب التي تدفع الناس إلى القراءة، فمنهم من يقرأ لتفهم بعض التعليمات، أو لاجتياز الامتحانات، أو لحفظ أبيات من الشعر، أو يقرأ بهدف الاستمتاع.... الخ. وفيما يلي أهم أنواع القراءة: القراءة للترفيه: هي قراءة الاسترخاء، ويختارها القارئ بإرادته وليست مفروضة عليه. إنها القراءة للاستمتاع. وتعتبر القصص أكثر أنواع القراءة الترفيهية شيوعاً، بالإضافة إلى كتب التاريخ وأدب الرحلات وأغلب مواد القراءة الترفيهية مكتوبة بأسلوب سهل يساعد على القراءة السريعة. القراءة للحصول على حقائق محددة: "وهي تعني القراءة بهدف تحديد موضع حقيقة ما أو حقائق معينة في إحدى الكتابات المنشورة، كالبحث عن عناوين

الأفراد أو المؤسسات، أو تهجئة كلمة نستخدمها في كتابة رسالة. إنها شكل غريب من أشكال القراءة، حيث يتركز اهتمام القارئ على البحث عن كلمات أو أرقام بدلاً من قراءة صفحات أو فقرات بانتظام. وإذا لم تكن تعرف بالضبط الموضع الذي توجد فيه الحقائق المطلوبة في المطبوع، فلا مناص من استخدام أسلوب الفحص السريع".

القراءة للفهم: "وهي القراءة التي تفتح أمامنا آفاقاً واسعة لاستخدام الذهن، كما تمنحنا مجالاً هائلاً للاعتماد على عدد من الأساليب القرائية. وهذا يجرنا إلى إلقاء نظرة تمهيدية على الشيء المراد قراءته قبل أن نشرع في القراءة. وهذه النظرة العامة التمهيدية مهمة للغاية، فقد تكون المادة القرائية غير جديرة بالقراءة. ويمكن إتباع هذا الأسلوب مع القراءة للترفيه، ولكنه ينتمي بالدرجة الأولى إلى القراءة للفهم".

- يستطيع الطالب تلخيص النص السابق في أربعة سطور فقط.

- يستخرج الطالب المفاهيم الأساسية التي اشتمل عليها النص.

- يوظف الطالب أنواع القراءة الثلاثة فيما درسه من المناهج.

- يحاول الطالب ربط أنواع القراءة الثلاثة للحصول على حقائق محددة بمهارة تناول البيانات التي وردت في الفصل السابع.

ثالثاً: يستعرض الطالب أسماء الدول العربية التي انضمت إلى جامعة الدول العربية، ثم يعمل على تنفيذ الآتي:

1- يتذكر أسماء الدول العربية التي تبدأ بحرف السين، ويختبر ذاكرته في تذكر أسماء الدول العربية التي تبدأ بحرف الميم، وهكذا مع الحروف الهجائية.

2- يحاول الطالب تذكر أربع دول غير عربية تبدأ بحرف (ف) الفاء، وعواصم أربع دول غير عربية تبدأ بحرف (ف) الفاء.

3- يصنف الطالب الدول العربية الواقعة في قارة أفريقيا، ثم الدول العربية الواقعة في قارة آسيا.

المهارة	الاستنتاج
تعريف	الاستنتاج هو القدرة على استخلاص النتائج، أو هو التوصل إلى رأي أو قرار بعد تفكير عميق استناداً على المعلومات والحقائق المتوفرة. وغالباً ما يستخدم الطالب مهارة الاستنتاج في أثناء البحث عن حلول للمشكلات الدراسية، أو في المواقف الحياتية الخاصة. ويهتم بعض المعلمين بتطبيق أسلوب الحفظ واستظهار المعلومات لدى الطلاب، واستدعاء الطلاب للمعلومات والحقائق عن طريق الاستظهار (التسميع). وهذه الفئة من المعلمين يلتزمون بالأسلوب التقليدي؛ أي أنهم معنيون بدرجة كبيرة بتحفيظ الطلاب الحقائق والنظريات والمبادئ والأحداث والوقائع. ولكن هناك معلمين يرتقي أداؤهم الوظيفي التعليمي مع الطلاب إلى مستوى الفهم واستيعاب ما تعلمه هؤلاء الطلاب، وأيضاً تفسير مفاهيمه تفسيراً سليماً. بل إن المعلم يستطيع أن يرقى بأدائه إلى مستويات أعلى عندما يقوم بتدريب الطلاب على تطبيق ما تعلموه وتحليله وتجزئته إلى عناصره الأساسية، ومن ثم استنتاج أفكار وقضايا جديدة.
مثال	أخبر خالد والده أنه سوف يعود إلى المنزل في حوالي الساعة الثالثة ظهراً بعد انتهاء الدراسة في مدرسته القريبة من منزله. وفي الساعة الرابعة شعر الوالد بالقلق عندما تأخر خالد، وبخاصة أنه سمع دوى انفجار وقع في الشارع المجاور. ظل الوالد قلقاً ظناً منه أن خالداً ربما أصيب في هذه الانفجار؛ لذا قرر أن يذهب إلى الشارع الذي وقع فيه الانفجار لكي يستطلع الأمر... ولكن ظن الوالد لم يتحقق. وفي تمام الساعة الرابعة والنصف عاد خالد إلى المنزل. تحليل الموقف السابق: يطرح الطالب - على نفسه - الأسئلة التالية: 1- هل عاد خالد إلى منزله مصاباً من الانفجار؟ 2- هل كان دوى الانفجار مصدره قنبلة أم انفجار إطار سيارة أم مصدراً آخر؟ 3- هل كان السبب في تأخر خالد عن منزله أنه كان يلعب مباراة كرة قدم؟ 4- هل تقابل خالد مع أحد أصدقائه وتبادلا الحديث؟ جميع الأسئلة المطروحة تحتمل إجابات استنتاجية، ويُحتمل أن يكون أحد

هذه الاستنتاجات صحيحة، كما يُحتمل أن يكون أحد هذه الاستنتاجات خطأ. كما اشتملت هذه الواقعة على بعض الحقائق التي تؤدي إلى استنتاجات مثل:

- أن خالداً يعود من المدرسة إلى منزله كل يوم قي حوالي الساعة الثالثة ظهراً.

- قد حدث انفجار في الشارع المجاور، ولم يكن والد خالد يعرف ما سبب هذا الانفجار.

- قد يكون استنتاج الوالد خطأ عندما ظن أن خالداً ربما أصابه ضرر من جراء الانفجار.

- قد يكون السبب في تأخر خالد عن موعد الوصول إلى منزله لأنه اشترك مع زملائه في مباراة كرة قدم، أو أن المدرسة قد خصصت حصة إضافية لتدريب الطلاب على استخدام الحاسوب (الكمبيوتر).

من الواضح أن الوالد قد توصل إلى نتيجة وهي أن تأخر خالد عن المنزل يعتبر دلالة على وجود مشكلة سببت في عدم وصوله إلى المنزل في الموعد المقرر له كل يوم. وإذا فكرنا جيداً نجد أن استنتاج الوالد عندما شعر بوجود خطر قد يصيب ابنه خالد، هو في الواقع استنتاج خطأ؛ لأن الوالد قد تسرع في الاستنتاج، كما تسرع في إصدار حكم على الموقف الذي عايشه في أثناء تأخر خالد عن المنزل.

وينبغي على المعلم أن ينمي مهارة الاستنتاج لدى الطلاب من خلال التدريب على عناصر التركيب والبناء كما يلي:

1- يعطي الطلاب أسباباً منطقية لوجهة نظره في الحلول التي يقترحها للقضايا والمشكلات التي تعترضه.

2- استنتاج ما قد يكون من أحداث ومواقف بعد تحليل الأحداث والمواقف وطول النظر.

3- يُكون مجموعات من الأفكار أو المواقف تتكامل في عرض قضية دراسية أو اجتماعية.

4- يضع حلولاً مناسبة للمشكلات الدراسية والمشكلات الاجتماعية التي ترتبط بحياته.

5- يُكون مفاهيم جديدة من خلال قراءاته، ويستنتج ويتوقع في ضوء ما يقرأ.

أنشطة	الاختبار التالي يقيس مهارة الطالب على الاستنتاج. يقرأ الطالب الموقف التالي وما يليه من
	عبارات، ثم يضع علامة (√) أمام العبارة التي يعتبرها استنتاجاً صحيحاً.

"فصل توأمان متماثلان عند ولادتهما، ونشأ أحدهما في أحد الأحياء الفقيرة في مدينة كبيرة، بينما تبنى الآخر رجل غني يعيش في أحد المنازل الفخمة في إحدى ضواحي المدينة نفسها. فعندما يصل التوأمان إلى سن الحادية والعشرين.

- سوف يظلان متشابهين إلى درجة كبيرة في صفاتهما الجسمية، ولكن من المحتمل أن يختلفا اختلافاً كبيراً في صفاتهما العقلية.

- سوف يظلان متشابهين في صفاتهما الجسمية والعقلية.

يتخير الطالب من الأسباب التالية ما يعتقد أنه يؤيد الاستنتاجات التي قدمت سابقاً:

1- الصفات العقلية تتقرر بالوراثة وبالبيئة، وإن كان للبيئة أثر رئيسي.

2- الصفات الجسمية تتقرر بالوراثة وبالبيئة، وإن كان للبيئة أثر رئيسي.

3- الصفات المكتسبة من البيئة لا يُمكن أن تُورث.

4- التوائم المتماثلة تظل متشابهة في كل شيء طوال حياتهما.

5- الصفات العقلية تتقرر بالوراثة وبالبيئة.

المهارة	العلاقات السببية
تعريف	قدرة الطالب على استخدام علاقات محددة بهدف التوصّل إلى استنتاجات جديدة ومعارف قيّمة تشكل خطوة أولى باتجاه تطوير مفاهيم ونظريات شاملة.
مثال	• العلاقة بين المد والجزر • العلاقة بين الليل والنهار • العلاقة بين البرق والرعد
أنشطة	أي من الأزواج التالية يمثل علاقة سببية؟ وضح ذلك. 1.الغذاء-استمرار الحياة 2.البدانة-مرض السكري 3.التدخين-سرطان الرئة 4.البرق-الرعد 5.مستوى الذكاء-التحصيل المدرسي 6.ازدياد الطلب-ارتفاع الأسعار 7.طول اللاعب-إجادة كرة السلة 8.الأوكسجين-الاحتراق

المهارة	صياغة الأنظمة والقوانين
تعريف	جزء أساسي من الموقف التفكيري، وهو عبارة عن صياغة مجموعة من الفقرات المحددة التي تضبط المواقف المختلفة، وتساعد على تسهيل حياة الناس، وجعلها تتجه نحو الأفضل
مثال	تخيل نفسك مديرا لمصنع تجاري ، ولديك مجموعة من الموظفين والعاملين ، وقد طلب منك أن تضع قائمة بالأنظمة والقوانين من أجل تنظيم عمل المصنع . ما الأنظمة والقوانين التي يمكن لك أن تضعها من أجل ضمان سير العمل في المصنع بشكل ناجح ؟ • منع الموظف من المغادرة إلا للضرورة القصوى . • في حال غياب الموظف دون عذر رسمي يتم الخصم من راتبه . • في حال تعطل المصنع يتم السماح للعاملين بالانصراف إلى منازلهم . • يتم تعويض الموظف إذا تعرض لإصابة نتيجة العمل داخل المصنع
أنشطة	1. تخيل نفسك تعيش في مجتمع (في جزيرة) ليس فيها أي أنظمة أو قوانين تضبط تصرفات الناس ، اذكر نوع الحياة التي سوف تسود ذلك المجتمع في ظل غياب الأنظمة والقوانين . 2. في سباق للهجن ، هناك أنواع متفاوتة من الهجن ، بعضها سريع وبعضها أقل سرعة ، ما الأنظمة والقوانين التي يمكن وضعها لتحقيق فرص التكافؤ بين المتسابقين من أجل الفوز. 3. وجدت نفسك تائها في الصحراء ، ثم عثرت على قبيلة تعيش منذ فترة طويلة فيها، وهذه القبيلة ليس لها أي أنظمة أو قوانين تنظم حياتها (قانون الملكية-قانون الزواج-العملة والنقود ..... الخ .) وقد طلبت منك هذه القبيلة وضع مجموعة من الأنظمة والقوانين التي يمكن أن تؤدي إلى تنظيم حياتهم ، قم بوضع هذه الأنظمة والقوانين . 4. افترض أنك عضوا في لجنة تحاول وضع الحد من الاستخدام غير المشروع للأسلحة النارية من قبل المواطنين.هل تستطيع التفكير بأربع قوانين رئيسية تعمل على الحد من هذه الظاهرة؟ 5. هناك قانون جديد مقترح للجنسية، فبدلا من أن تبقى حاملا الجنسية للأبد. يمكنك استبدال الجنسية كل خمس سنوات أو عشر سنوات وذلك حسب الرغبة، ما رأيك بهذا القانون؟

<table>
<tr><td>

6. ما هي القوانين والأنظمة التي يمكن أن تضعها لأصدقائك وذلك أثناء خروجكم في رحلة بري؟

7. هناك مجموعة من الأنظمة والقوانين التي تحكم لعبة كرة القدم. قم بتغيير أو تعديل خمسة قوانين من بين قوانين هذه اللعبة.

8. إذا كنت تنظم مسابقة لمعرفة بطل أكل التفاح، ما القوانين التي تضعها لهذه المسابقة؟

9. ما هي القوانين التي لا تعجبك من بين قوانين الدولة؟ ولماذا؟ هل تستطيع تغييرها؟

10. اختر قانونا هاما يحتاج إلى تغيير أو إلى إلغاء ، ثم اكتب رسالة إلى رئيس الوزراء محاولا اقناعة بتغيير هذا القانون أو إلغائه.

</td><td></td></tr>
</table>

المهارة	الأولويات
تعريف	هى العملية التي يقوم من خلالها المفكر بتحديد أكثر العوامل أهمية بالنسبة للموضوع المنوي التفكير فيه. وهنا يجب أن نبذل جهدا كبيرا لاختيار الأشياء والحكم عليها بأنها ذات أهمية أكثر من غيرها.
مثال	يطلب منك أحد أصدقائك المقربين أن تعيره لعبتك المفضلة ، ما العوامل التي سوف تركز عليها من بين العوامل الآتية قبل إعارتك اللعبة له ؟ • هل تثق بصديقك؟ • ما مدى محافظته على اللعبة ؟ • ما مدى قناعتك ؟ • متى سيعيدها لك ؟ • هل تقتنع بأنه في حاجة إليها ؟ هل تعتقد بأن والدك سوف يوافق على ذلك؟
أنشطة	1. مصمم سيارات يقوم بتصميم هيكلا جديدا للسيارات. ما هو باعتقادك أكثر ثلاثة أولويات يجب أن يركز عليها؟ 2. في يوم من الأيام كنت مراهقا، وبالتأكيد فانك بدأت التفكير خلال تلك الفترة من حياتك في مهنة المستقبل. ما هي الأولويات الأكثر أهمية التي يجب أن تركز عليها لكى تقوم بصنع قرارك حول مهنة المستقبل؟ 3. قمت مع أفراد أسرتك بالذهاب إلى بيت جدك الذي يقطن خارج المدينة وفي أثناء سيركم ليلا تعطّلت السيارة التي تستقلونها، فقام والدك نتيجة لذلك بوضع مجموعة من الحلول الآتية لهذه المشكلة : • محاولة إصلاح السيارة. • إيقاف إحدى السيارات المارة ، والذهاب لإحضار فنّي لتصليح السيارة. • محاولة استدعاء أحد الأقارب للمساعدة في إصلاح السيارة. • البقاء داخل السيارة والانتظار حتى الصباح . من تتبعك للحلول التي قام والدك بوضعها، قم بالتفكير بهذه الحلول، وركّز تفكيرك على أهم حلّين تم طرحهما ، وفسر سبب اختيارك هذين الحلين .

4. في أثناء زيارة يقوم بها رئيس دولة أجنبية ، قام أحدهم بطريق الخطأ بوضع العلم بصورة خاطئة ليرفرف فوق جميع الساريات على الطريق.

أنت مسؤول عن وضع الترتيبات اللازمة لهذه الزيارة ، وقام أحدهم باقتراح الحلول البديلة الآتية تفاديا للإحراج:

- إلغاء الزيارة.
- سلوك طريق آخر.
- القبول بالخطأ الواقع.
- القول بأن الأعلام رفعت لآخر زيارة سابقة، وأن رداءة الطقس حالت دون تغييرها.

تناول جميع الحلول البديلة المقترحة، وحاول حصر تفكيرك فى بديلين يكونان أكثر أهمية وأكثر إقناعا، وقم بتفسير سبب اختيارك لهما .

5. ضلّ مجموعة من الأطفال طريقهم في إحدى الطرق الصحراوية ، وقد تم إرسال فريق للبحث عنهم، وكنت قائدا لهذا الفريق.

قم بوضع جميع الاقتراحات التي يمكن أن تساعدك في البحث عنهم، ثم اختر أهم هذه الاقتراحات، واذكر سبب اختيارك لها .

6. حصلت على جائزة وهى عبارة عن تذكرة سفر إلى أحد البلدان ، وقمت بتناول العديد من العوامل حول هذه الرحلة قبل اتخاذك قرار السفر(هل البلد بعيد أم قريب؟- كلفة المعيشة في هذه البلد- هل تعرف أحدا في هذا البلد؟- مدة الزيارة- مدى تكيفك مع الناس هناك).

إذا كان عليك أن تختار ثلاث نقاط رئيسة من بين النقاط السابقة ، ما النقاط التي سوف تقوم باختيارها، ولماذا؟

7. كلّفت بوضع مجموعة من الاقتراحات للحد من مشكلة الحوادث المرورية في بلدك، ما العوامل التي سوف تطرحها ؟ وما أهم عامل من هذه العوامل يمكن أن تهتم به ؟ واذكر سبب اهتمامك به؟

8. تخيل أنك ستقضي عاما كاملا في بلد آخر وذلك من أجل الدراسة، وقد قمت باستئجار غرفة في ذلك البلد من أجل استخدامها للنوم والدراسة.

ماذا ستكون أولوياتك في اختيار الأثاث لغرفتك؟ اذكر سبب اختيارك لكل أولوية من الأولويات التي قمت بوضعها.

المهارة	الأهداف
تعريف	التركيز بشكل مباشر وبروية على المقصود من وراء الأعمال التي نرغب القيام بها، وهي بالتالي عبارة عن شكل النتيجة التي نسعى إليها.
مثال	رجل أعمال ينوي إنشاء مجمع تجاري ضخم، فيضع الأهداف الآتية أمامه قبل أن يبدأ بإنشاء مشروعه. الهدف الأول: استثمار أمواله وزيادة الربح. الهدف الثاني: تقديم خدمات جيدة للمواطنين. الهدف الثالث: إنهاء المشروع في الوقت المحدد دون تأخير. نلاحظ أن هذا الرجل إذا قام مباشرة بإنشاء المجمع التجاري ولم يقم بوضع أهدافه ، فإنه يعرّض نفسه للوقوع في بعض المشكلات والأزمات التي قد تؤدى في النهاية إلى خسارته . ولكن تحديده أهداف المشروع سيساعده كثيرا على النجاح في مشروعه التجاري.
أنشطة	1.طلب إليك إعطاء أفكارك حول تصميم شخصيتين رئيسيتين في مسلسل تلفزيوني (رسوم متحركة:شبيه بتوم وجيري) . ما هي الأهداف التي ستسعى لتحقيقها لخلق هاتين الشخصيتين؟ 2.محطة تلفزيونية محلية طلبت منك أن تقدم أفكار حول برنامج تلفزيوني جديد للشباب اليافعين(المراهقين). ما هي الأهداف التي ستسعى لتحقيقها خلال تصميمك لهذا البرنامج؟ 3.تنوي القيام برحلة مع مجموعة من أصدقائك ، ما الأهداف التي تضعها قبل البدء بهذه الرحلة ؟ 4.تذهب كل يوم إلى المدرسة ، ما أهدافك من الذهاب إلى المدرسة ؟ 5.تخيل نفسك قائدا لمركبة فضائية تقترب من الأرض قادمة من كوكب آخر ، ومن المحتمل أن تصطدم هذه المركبة بالأرض . ما الأهداف التي ستضعها في تلك اللحظات لكي تعمل على تنظيم تفكيرك تفاديا لاصطدام هذه المركبة بالأرض؟

6.ما أهدافك عندما تنوي شراء جهاز كمبيوتر؟

7.حدد أهم هدف لكل شخص من الأشخاص المذكورين آتيا :

الشخص	الهدف
التاجر	
المدرس	
الأب	
الشرطي	
النجار	

8.أحد طلاّب صفك الذي انتقل إلى مدرسة أخرى قبل فترة طويلة ، تشاهده في أحد الأيام وتتحدث معه عن أحواله ، فتجد بأنه أصبح طالبا منظما ومتفوقا وناجحا في دراسته وفي حياته. باعتقادك ما الأهداف التي وضعها هذا الطالب وتعامل معها فأدت إلى نجاحه وتفوقه ؟

المهارة	التمييز بين الحقائق والآراء
تعريف	القدرة على التمييز بين المعلومات والبيانات من حيث أنها واضحة وتمثل حقيقة أو أنها غير واضحة وتمثل رأي شخصي
مثال	من الأمثلة على الحقائق التي تنسجم مع المعايير أعلاه: • يبلغ عدد سكّان الأردنّ حوالي خمسة ملايين نسمة؛ • خيّر الكلام ما قل ودلّ؛ أمّا الآراء فمن الأمثلة عليها: • مادّة الجبر أصعب من الهندسة؛ • المدارس الأهلية أفضل من المدارس الحكوميّة؛
أنشطة	نشاط(1): اذكر أي من الجمل التالية يمثل حقيقة وأيها يمثل رأى 1. رئيس الولايات المتحدة الأمريكية كان دائما رجلا 2. يجب أن يكون رئيس الولايات المتحدة رجلا دائما . 3. الرياضيات اصعب كثيرا من التاريخ . 4. النساء يعشن أكثر من الرجال نشاط (2): من صفات المفكّر الناقد أنه يفرق بين الحقائق والآراء هل تستطيع أن تحدد أي من الجمل التالية يعتبر حقيقة وأيها يعتبر رأي؟ ولماذا؟ 1. كانت البلاد العربية قُبيل قيام الثورة العربية الكبرى تعاني من الضعف والتجزئة. 2. كانت سواحل شبه الجزيرة العربية من عدن وحتى الكويت تخضع للنفوذ البريطاني. 3. عقد المؤتمر العربي الأول عام 1913 في العاصمة الفرنسية.

نشاط رقم (3):

حدد أي من الجمل التالية حقيقة وأيها رأي، ولماذا؟

1. قامت الحملة الفرنسية على مصر عام (1798 – 1801م).

2. الفترة الزمنية التي مكثها الاستعمار في الدول العربية طويلة جداً.

3. أدى تنوع الاستعمار في الدول العربية إلى آثار متباينة على الدول.

4. وقعت إسبانيا مع فرنسا أربع اتفاقيات في المدة من (1900 – 1912م).

5. تتحكم بعض الدول الكبرى في سياسات هيئة الأمم المتحدة.

6. ترسيم الحدود بين الدول العربية ترسيماً يراعي المصالح الاستعمارية.

نشاط رقم (4):

حدد أي من الجمل التالية حقيقة وأيها رأي:

1-الأردنيون أمام القانون سواء لا تمييز بينهم في الحقوق والواجبات وإن اختلفوا في العرق أو اللغة أو الدين.

2-العمل حق لجميع المواطنين، وعلى الدولة أن توفره للأردنيين.

3-يختلف التنظيم السياسي بين دولة واخرى تبعا للنسق السياسي الموجود في كل منها.

4-اتحاد مجلس التعاون العربي يعد اتحاداً كونفدرالياً.

5-جمهورية مصر العربية جمهورية ديموقراطية.

نشاط رقم (5):

في العبارات التالية ما يعد حقيقة وما يعد رأي. ميّز بينها.

1- معظم سكان العالم يتركزون في المناطق المعتدلة والباردة.

2- تتمتع الدول الكبرى بأنماط مناخية مختلفة.

3- يساعد التنوع المناخي على تنوع الأنشطة البشرية والاقتصادية.

4- للمناخ أثر بسيط على طبيعة الأسلحة المستخدمة في الحرب.

5- تعد مياه الأمطار المصدر الوحيد للماء في النظام الأرضي بأكمله.

6- تشكل الأنهار في المناطق القاحلة المصدر الرئيس للمياه المستخدمة في الزراعة.

المهارة	التعرف على دوافع وأسباب سلوكات الأفراد والجماعات في موقف معين
تعريف	القدرة على تحديد الأسباب والدوافع التي تؤدي بالأفراد الى القيام بتصرف معين
مثال	ما هي الأسباب والدوافع التي أدت إلى احتلال الولايات المتحدة الامريكية للعراق؟
	الدوافع والأسباب:
	السيطرة على الثروة النفطية في المنطقة
أنشطة	نشاط رقم (1):
	أذكر الأسباب والدوافع التي أدت إلى قيام حاتم الطائي بذبح فرسه وتقديمه طعاماً لضيوفه.
	نشاط رقم (2):
	أذكر الأسباب والدوافع التي تجعل بعض الدول تعتدي على الحدود الدولية

المهارة	تحديد العلاقات السببية أي إدراك العلاقة بين السبب والنتيجة
تعريف	وصف الصلة بين حدثين، حيث يكون الأول سببا في وقوع الثاني.
مثال	تعدّ مهارة التّعرّف على العلاقات السّببيّة من أهمّ مهارات التّفكير النّاقد، لأنّها قد تساعد على التّوصّل إلى استنتاجات جديدة ومعارف قيّمة تشكّل خطوةً أولى باتّجاه تطوير مفاهيم ونظريّات شاملة. ومن الطّبيعي أن يسأل النّاس عموماً بصورة مطّردة عن الأسباب التي تقف وراء حدوث الظّواهر المختلفة في حياتهم، وذلك حتّى يتمكّنوا من السّيطرة على بيئاتهم الطّبيعيّة والاجتماعيّة عن طريق فهم هذه الظّواهر وتفسيرها. وقد تكون دوافعهم لمعرفة طبيعة العلاقات السّببيّة ناجمةً عن حاجة حقيقيّة لفهم هذه العلاقات، أو رغبة في المعرفة، أو مجرّد الفضول وحبّ الاستطلاع. وأيّاً كانت فإنّ التّعرّف على العلاقات بين الأسباب والنّتائج عن طريق المشاهدات الواعية والبحوث العلميّة أو التّجريبيّة وغيرها من أساليب التّعلّم من شأنه أن يجنّب الإنسان تكرار المعاناة من الخبرات غير المرغوبة، ويوجّهه نحو تكرار الخبرات السّارّة أو المرغوبة. كما أنّ إتقان هذه المهارة يسهّل عمليّة معالجة البيانات والمعلومات المتوافرة، ويساعد على اكتشاف القواعد والقوانين، ومن ثمّ التّوصّل إلى تعميمات صائبة. وتجدر الإشارة إلى أهمّيّة التّمييز بين العلاقة السّببيّة والعلاقة الارتباطيّة نظراً للأخطاء التي قد تترتّب على حالة الخلط في فهم طبيعة العلاقة بين المتغيّرات أو الأحداث أو الظّواهر الحياتيّة. إنّ العلاقة الارتباطيّة بين شيئين تعني حدوث أحدهما قبل الآخر، أو بعده بين الحين والآخر، أو بصورة متتابعة ومطّردة دون أن يكون أحدهما سبباً للآخر؛ كالعلاقة بين المدّ والجزر أو العلاقة بين اللّيل والنّهار أو العلاقة بين البرق والرّعد ... الخ. أمّا العلاقة السّببيّة فتعني أنّ حدوث شيء ما متوقّف على حدوث شيء آخر، كالعلاقة بين الجاذبيّة الأرضيّة والسّقوط الحرّ للأجسام من أعلى إلى أسفل، أو تباين الضّغط الجوّي وحركة الهواء من منطقة الضّغط المرتفع إلى منطقة الضّغط المنخفض. أمّا أنواع العلاقات السّببيّة فتنقسم إلى ثلاثة أقسام: 1- علاقة سببيّة يكون السّبب فيها ضروريّاً لحدوث النّتيجة ولكنّه ليس كافياً في حدّ ذاته لحدوثها، كأن يقال مثلاً: "لا حياة بدون الأكسجين"، ذلك أنّ وجود الأكسجين سبب ضروري لمعظم أشكال الحياة التي توجد على

الأرض، لأنّه في غياب الأكسجين لا يمكن لهذه الأشكال من الحياة أن توجد أصلاً. وفي المقابل فإنّ وجود الأكسجين وحده ليس كافياً لضمان وجود الحياة، لأنّ هناك أسباباً أخرى لا بدّ من توافرها معاً لضمان وجود هذه الحياة. إنّ الماء على سبيل المثال مطلوب وضروري لوجود الحياة، كما أنّ درجة الحرارة المعتدلة ضروريّة لوجود بعض أشكال الكائنات الحيّة، ولكن أيّاً منهما بمفرده غير كاف -كالأكسجين- لوجود الحياة. 2- علاقة سببيّة يكون السّبب فيها كافياً لحدوث النّتيجة ولكنّه ليس بالضّرورة مسبّباً لها، كأن يقال مثلاً: "عدم وجود البنزين يعطّل السّيّارة"، ذلك أنّ عدم وجود البنزين سبب كاف لتعطيل السّيّارة، ولكن هناك أسباباً أخرى قد تؤدّي إلى نفس النّتيجة كالأعطال الفنّيّة في الموزّع مثلاً. وعليه، فإنّ انعدام البنزين قد لا يكون بالضّرورة سبباً لعدم تشغيل السّيّارة في حالة وجود أعطال معيّنة في الدّائرة الكهربائيّة للسّيّارة. 3- علاقة سببيّة يكون السّبب فيها ضرورياً وكافياً لحدوث النّتيجة، كأن يقال مثلاً: "لا تكاثر بدون تلقيح"، ذلك لأنّ التّلقيح سبب ضروري وكاف لعمليّة التّكاثر.	
نشاط رقم (1): أكمل الفراغات في الجدول التالي حتى تستطيع أن تربط بين السبب والنتيجة:	أنشطة

السبب	النتيجة
....	توقف المفاوضات العربية التركية التي بدأت بعد مؤتمر باريس عام 1913م.
مقاومة سياسة الاتحاديين القائمة على المركزية والتتريك.	....
....	اتخاذ الحركة القومية اتجاهاً يبعدها عن الدولة العثمانية.
....	اتباع سياسة القمع والإرهاب ضد الزعماء العرب في سوريا ولبنان.

نشاط رقم (2):

حدد السبب لكل نتيجة من النتائج التالية:

السبب	النتيجة
....	تلف المحاصيل الزراعية في الأردن في فصل الربيع وأوائل الصيف.
....	تحريك المراوح الهوائية المستخدمة لرفع مياه الآبار لأغراض الري.
....	نشوء الرياح.

نشاط رقم (3):

اذكر نتائج الحالات التالية:

1-   عدم قدرة دول الخليج على تحلية مياه البحر.

2-   منع استغلال المياه الجوفية في الأردن.

3-   انهيار السد العالي.

4-   عدم وجود نهر اسمه نهر النيل.

نشاط رقم (4):

حاول مع أفراد مجموعتك تحديد السبب لكل نتيجة من النتائج التالية:

السبب	النتيجة
	حدوث الجفاف
	نشأة الدولة المصرية
	طول فترة الحرب بين أمريكا وثوار الفيتكونج
	إبرام اتفاقيات دولية بين الدول حول حصص المياه

المهارة	التمييز بين العبارات المتضمنة للحقائق، وتلك العبارات الدالة على مبادئ عامة أو أقوال مأثورة
تعريف	جملة أو عبارة يعتقد بأنها صحيحة ، وهى تتكون من بيانات أو معلومات خاصة بالأشياء أو الأشخاص أو الظواهر التي تم التحقق منها بالحواس
مثال	• الصوم ركن من أركان الإسلام الخمسة . • الخليل بن احمد الفراهيدي هو واضع علم العروض
أنشطة	نشاط رقم (1): أي من الجمل التالية يمثل حقيقة: ـ انطلقت الدعوة الإسلامية من مكة المكرمة إلى المدينة المنورة . ـ يتكون الكلام من اسم وفعل وحرف. ـ ابن سينا هو واضع علم العروض. ـ مجموع عددين فرديين هو عدد فردي. ـ واحد عدد أوليا ـ يسير الضوء في خطوط مستقيمة ـ الأكاسيد القاعدية تكون مع الماء هيدروكسيدات. ـ انتصر المغول على المسلمين في معركة عين جالوت. ـ يعد أرسطو أول من أسس علم المنطق. ـ اللون الأحمر من الألوان الأساسية التي تستخدم في أعمال التربية الفنية. نشاط رقم (2): ميّز بين العبارات التالية، وأذكر أيها يتضمن حقائق وأيها يتضمن أقوالا مأثورة: أ- قال تعالى(وإنك لعلى خلق عظيم) ب- قال رسول الله سيدنا محمد عليه السلام(إنما بعثت لأتمم مكارم

	الأخلاق)
	ت- الخلق هو هيئة أو حال تكتسبها النفس البشرية.
	ث- من صفات الإنسان التي تميزه عن غيره من الكائنات النطق والعقل.
	ج- عرف بعض المفكرين الإنسان بأنه كائن أخلاقي أو حيوان أخلاقي.
	ح- قال الشاعر أحمد شوقي:
	وإنما الأمم الأخلاق ما بقيت فإن همو ذهبت أخلاقهم ذهبوا

المهارة	التعرف على وجهات النظر الخاصة
تعريف	الاستعانة بآراء وأفكار الآخرين، والتعرف على الكيفية التي يفكرون بها ، وذلك من اجل مساعدتك على اتخاذ القرارات السلمية
مثال	تذهب في أحد الأيام لشراء حقيبة مدرسية، وتلاحظ بأن وجهة نظر البائع فيها بأنها قوية، ومصنوعة من الجلد ولا تتمزق بسهولة، وفيها العديد من الأماكن لوضع الكتب والأقلام، وسهلة الحمل وسعرها مناسب لك... الخ. ولكنك تجد بان وجهة نظرك حول الحقيبة هي محاولة معرفة مدى قدرة الحقيبة على التحمل عند وضع كمية كبيرة من الكتب داخلها، وهل لون الحقيبة مناسب؟ وهل تصميمها يناسبك؟ وقد تقوم بإجراء مقارنة لها مع مجموعة من الحقائب الأخرى........ الخ. تلاحظ بأن وجهة نظرك قد تختلف عن وجهة نظر البائع، وهكذا يكون الأمر في جميع مواقف الحياة التي تمر بها، فكل شخص لديه وجهة نظر خاصة به نحو أي موضوع أو موقف.
أنشطة	نشاط رقم (1): هناك خطة لعمل المزيد من الجسور والأنفاق في مدينتك للحد من الازدحام المروري، ولكن سوف يترتب على ذلك إغلاق العديد من الشوارع. ما وجهة نظر القائمين على المشروع، وما وجهة نظر المواطنين، وما وجهة نظر السائقين؟ نشاط رقم (2): يصدر قرار يمنع النساء من قيادة السيارات. ما وجهة نظر الرجال، وما وجهة نظر النساء نحو هذا القرار؟

المهارة	تحري المغالطات المنطقية في الحجج والمناقشات
تعريف	القدرة على فحص المعلومات والتأكد من مدى صحتها وتحديد المغالطات المنطقية الموجودة فيها خلال المناقشات
مثال	لاعبو كرة القدم في الغالب ضخام الأجسام، إذن لاعبو كرة القدم أغبياء
أنشطة	نشاط رقم (1): حدد مع أفراد مجموعتك المغالطات والاستنتاجات المغلوطة في الجمل التالية: 1- تلجأ دول الخليج العربي إلى توفير جزء من حاجاتها من المياه العذبة بتقطير مياه البحر. إذاً، سلطنة عمان تقوم بتحلية مياه البحر. 2- لو لم يوجد نهر النيل لما كان هناك شيء اسمه مصر. 3- الدول الكبرى يتنوع فيها المناخ. فرنسا دولة كبرى، إذاً، لا بد أن يتنوع فيها المناخ. 4- الأردن لا يعتمد على تحلية المياه المالحة. إذاً، لا يوجد حول الأردن بحار.

المهارة	التمييز بين العبارات ذات الصلة بالموضوع وتلك التي لا ترتبط بالموضوع
تعريف	القدرة على تحديد العبارات المرتبطة في مجموعة من المفردات التي توجد علاقة بينها وبين الموضوع الرئيسي، والقدرة على تحديد العبارات الغير مرتبطة بالموضوع الرئيسي أو التي ليس لها علاقة بالموضوع الرئيسي.
مثال	هل يجب أن يفرض الزي الموحد على المدارس، أم يترك للطلبة حرية لبس ما يشاءون؟ العبارات المرتبطة بالموضوع: • الزي الموحد سهل التمييز • الزي الموحد يزيل الحيرة في عملية اختيار الملابس • الزي الموحد أكثر ترتيبا من الملابس العادية العبارات الغير مرتبطة بالموضوع: • الجو البارد يحتاج إلى ملابس دافئة • لون الملابس لا يؤثر على تحصيل الطلبة في المدرسة
أنشطة	نشاط رقم (1): تعد الإدارة علما وفنا في آن واحد، فهي علم تحكمه قوانين ثابتة لو طبقت في ظروف معينة بالقدر الملائم، فإنها ستؤدي إلى نتائج ثابتة يمكن التنبؤ بها سلفا، وهي فن حين يستخدم العلم الإداري في مواقف معينة، والحصول على نتائج إيجابية، كما أنها فن لأن استخدام العلم الإداري يتوقف على كفاءة الإداري وخبرته وممارسته للعمل. من خلال قراءتك للنص السابق، حدد أي من العبارات التالية له صلة بالموضوع، وأيها ليس له صلة بالموضوع: 1- الإدارة علم وفن 2- الإدارة علم تحكمه قوانين ثابتة 3- استخدام العلم الإداري يتوقف على كفاءة الإداري وخبرته 4- معظم الإداريين روتينيين

5- الإدارة ليس لها علاقة بالعمل السياسي

نشاط رقم (2):

حدد أي من العبارات التالية تعتبر ذات صلة بموضوع الثورة العربية وأيها لا يعتبر ذا صلة.

1- تم تحرير العقبة في تموز عام 1917م.

2- انضمام الشيخ عودة أبو تايه إلى قوات الثورة.

3- مشاركة الأردنيون في أعمال المؤتمر السوري العام عام 1919م.

4- قيام بعض رجالات الكرك بإرسال برقية تأييد إلى الأمير فيصل بن الحسين.

5- قيام الأتراك بمد خط للسكة الحديدية يربط الحجاز ببلاد الشام.

نشاط رقم (3):

من خلال قراءتك للفقرة التالية، هل تستطيع استخراج المعلومات التي لا ترتبط بالمشكلة أو الموضوع؟

"للرياح آثار سلبية على الإنتاج الزراعي، فالرياح تعمل على نقل جراثيم الأمراض النباتية، وتؤدي كذلك إلى سقوط الأزهار والثمار، وينجم عن الرياح أيضاً مشكلة تتمثل في طول الفصل الزراعي، وبالتالي عدم نضج المحصول".

نشاط رقم (4):

من خلال اطلاعك على موضوع المناخ والموارد المائية، حدد أي من العبارات التالية ذو صلة بالموضوع وأيها ليس له صلة بالموضوع.

1- يعد المناخ واحداً من العوامل الرئيسة التي يوليها القادة العسكريون عناية كبيرة.

2- تشكّل الموارد المائية دعامة أساسية من دعائم الدولة الحديثة.

3- استمرت الحرب بين الولايات المتحدة الأمريكية وثوار الفيتكونج من نهاية الحرب العالمية الثانية إلى مطلع السبعينات.

4- القحل صفة تطلق على المناطق الصحراوية التي يعد شح

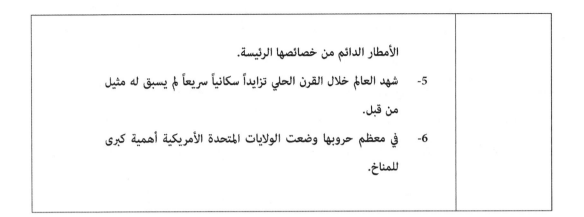

	الأمطار الدائم من خصائصها الرئيسة. 5- شهد العالم خلال القرن الحلي تزايداً سكانياً سريعاً لم يسبق له مثيل من قبل. 6- في معظم حروبها وضعت الولايات المتحدة الأمريكية أهمية كبرى للمناخ.

المهارة	التمييز بين الطرائق والحجج الصادقة المستخدمة لإقناع الجمهور وبين المستخدمة للدعاية والإعلان
تعريف	عند مشاركتك في مناقشات حول قضايا مثيرة للجدل والخلاف فلا بد أن يكون لديك حجج ومبررات قوية لاتخاذ القرار إزاء مسألة أو اقتراح، وهذا يتطلب منك أن تكون قادرا على التمييز بين الطرائق والحجج الصادقة المستخدمة لإقناع الجمهور وبين الطرائق والحجج المستخدمة للدعاية والإعلان
مثال	هل المؤسسات التربوية هي المسؤولة وحدها عن تربية الأطفال؟ نعم، فالمدرسون وحدهم يعرفون وسائل التربية والتعليم الحديثة. طريقة أو حجة تستخدم للدعاية والإعلان وليس لاقناع الجمهور، فمن غير المعقول أن تقع التربية على عاتق المدرسيين فقط.
أنشطة	نشاط رقم (1): هل يتمتع الأردن بموقع إستراتيجي؟ حدد أي من الفقرات التالية يستخدم لاقناع الجمهور وأيها يستخدم للدعاية والإعلان: 1- نعم لانه يتوسط الأقطار العربية 2- نعم لأنه البوابة الشمالية البرية لدول الخليج العربي 3- نعم لأنه يتمتع بطول سواحله البحرية نشاط رقم(2): هل تعتقد بأن مدينة جرش من المدن المهمة في العالم؟ حدد أي من الفقرات التالية يستخدم لإقناع الجمهور وأيها يستخدم للدعاية والإعلان: 1. نعم، لأنها من المدن المشهورة بكثرة تعداد سكانها 2. نعم لأنها مدينة أثرية مشهورة بناها الرومان 3. نعم، لأن مناخها معتدل.

	نشاط رقم (3): من خلال قراءتك لبعض نصوص الدستور الأردني ، حاول أن تحدد أيها يعتبر نص صادق يقتنع به جمهور الأردنيون، وأيها يستخدم فقط للدعاية والإعلان.

المهارة	التعرف على العلاقات بين السبب والنتيجة عن طريق الاستدلال اللفظي
تعريف	عملية استدلال عقلي تنطلق من فرضية أو مقولة أو ملاحظة ، وتتضمن إما القيام بإجراءات مناسبة لفحص الفرضية من اجل نفيها أو إثباتها ، واما التوصل إلى نتيجة أو تعميم بالاستناد إلى الملاحظة أو المعطيات المتوفرة
مثال	الإصبع لليد هو كما إصبع القدم للقدم. الإصبع جزء من اليد إصبع القدم جزء من القدم.
أنشطة	نشاط (1) : المقص للورق كما هو المنشار لل ـــــــ . القفازات لليد كما الجوارب لل ـــــــ . نشاط (2) : أ- الرئيس للأمة كما المحافظ لل ـــــــ . ب- الأكل للحاجة كما الثروة لل ـــــــ ت- الحكم للعبة كما القانون لل ـــــــ .

المهارة	التعرف على السبب والنتيجة عن طريق الاستدلال المنطقي
تعريف	المهارة في استخلاص النتائج الممكنة، ومعرفة ما يتبع ذلك، عن طريق حقائق موجودة أو مقدمات منطقية ، ويستخدم الاستدلال للمساعدة في تحديد ما الذي يمكن أن يتبع -منطقيا- حتى ولو لم تكن بعض البيانات واضحة فالتنبؤ هو خطوة مهمة في عملية حل المشكلات.
مثال	• قامت سعاد بإعداد عددا من الشطائر وحضرت نظارة شمسية وكريم واق من أشعة الشمس. وبعد سير طويل بالسيارة عرجت والدتها الى منزل صديقتها لتزورها بينما استمتعت سعاد مع أخوتها برذاذ الماء المالح و الرمل. • كل أربعاء تقدم قطع البيتزا في كافيتريا المدرسية. واليوم هو الأربعاء. • غادر الطلاب والمعلمون المبنى قبل الساعة الواحدة ظهرا وانتظروا بهدوء في الخارج. الأسئلة التالية تعتبر مهمة في ممارسة الاستدلال : ماذا تعتقد سيفعل شخص ما في ......؟ ماذا يمكن أن يكون المقصود بـ......؟ لماذا تفترض أن ......؟ ما الشاهد الذي يدعم هذا الاستدلال ، أو يقود إلى الاستنتاج؟
أنشطة	نشاط رقم (1): وضح السبب فيما يلي : كان صباح يوم الاربعاء باردا ورطبا لذلك ارتدى سعود ملابسه الدافئة وأخذ معه مظلة . أما ظهر ذلك اليوم فقد كان الجو مشمسا.وخلال عطلة نهاية الأسبوع سقط المطر مرة أخرى ، لقد تبلل سعود و أحس بالبرد أثناء توزيعه الصحف اليومية. نشاط رقم (2): اكتشف كيف يتم اقتفاء أثر الحيوانات، وسجل كيفية توظيف الاستدلال لذلك الاقتفاء.

نشاط رقم (3):	
اقرأ حول مناخ بلد معين، واستنتج محاصيله الرئيسية المحتملة.	

المهارة	التعرف على العلاقات عن طريق الاستدلال الزماني
تعريف	وصف الصلة بين حدثين، حيث يكون الأول سببا في وقوع الثاني
مثال	ما أسباب ونتائج ظهور بديل للبترول في العالم؟ السبب: ارتفاع سعر البترول بشكل متكرر مما أدى إلى البحث عن مصادر بديلة. النتيجة: تدهور أسعار البترول، وانخفاض مستوى الدخل لدى الدول المصدرة للبترول، والبدء بالتفكير في مصادر بديلة للدخل.
أنشطة	نشاط رقم (1): ما أسباب ونتائج الأمية؟ ما أسباب ونتائج الاسراف في إنفاق الأموال؟ نشاط رقم (2): ما هي أسباب كل من المشكلات التالية، وما هي نتائجها؟ - يسبب تلوث البيئة الانزعاج للناس - يشعر المسنون في شمال أوروبا بالوحدة والكآبة - كثير من الأوروبيين يهاجرون إلى استراليا - تعتبر الدول الاسكندنافية من أكثر دول العالم معاناة من مشكلة الانتحار

المهارة	التوصل إلى تعميمات من خلال الربط بين الأجزاء ذات العلاقة
تعريف	التعميمات هي استنتاجات نقوم بها بعد ملاحظة أمثلة قليلة معينة أو حالات لشيء ما .ولأننا قد لا نلاحظ جميع حالات شيء معين. فقد يكون تعميمنا غير صحيح لذلك، فاننا نعدل تعميماتنا كلما رأينا أمثلة مستقبلية لا تتلائم مع تعميماتنا
مثال	وجدت (سناء) الأشكال التالية في غرفة الرياضيات. جميعها ملصق عليها كلمة "مثلث" عممت (سناء) أن :"المثلث شكل مغلق ، ذو بعدين وله 3 أضلاع و3 زوايا"
أنشطة	نشاط (1): ـ ها هي بعض الأشياء غير الحية:(صخور،سياج، طرق،رمال،قلم رصاص، كرسي) التعميمات: الأشياء غير الحية هي .... نشاط (2):

الرئيس الأمريكي	العمر عندما تم انتخابه	العمر عند وفاته	الوظيفة السابقة	الولاية التي ولد بها	الحزب السياسي
أبراهيم لينكولين	52	56	محامي	كنتاكي	الجمهوري
ويليام تافت	51	72	محامي	أوهايو	الجمهوري
هيربرت هوفر	54	90	مهندس	أيوا	الجمهوري
ويليام ماك كينلي	54	58	محامي	أوهايو	الجمهوري

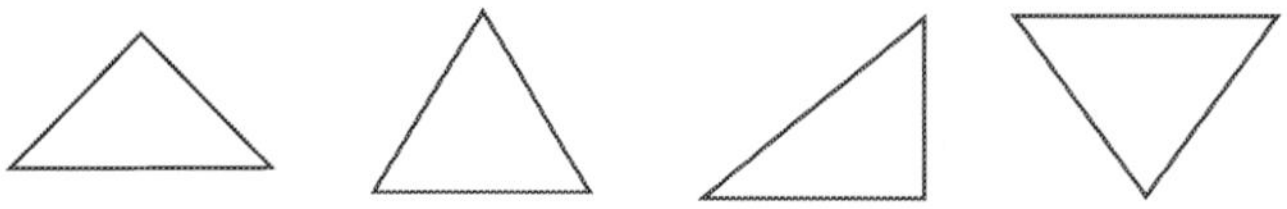

جروفر كليفلاند	55	71	محامي	نيوجيرسي	الديمقراطي
جيمس باتشانان	65	77	محامي	بينسيلفينيا	الديمقراطي

التعميم: الرؤساء الأمريكيون رجالاً ، أعمارهم على الأقل 50 عاماً ،وهم محامون. وهم إما جمهوريون أو ديمقراطيون من الساحل الشرقي.

<table dir="rtl">
<tr><td>المهارة</td><td>اكتشاف التناقضات في مواقف معينة</td></tr>
<tr><td>تعريف</td><td>التّناقض في أيّ مادّة مكتوبة أو مسموعة أو مرئيّة يعني ببساطة وجود تعارض أو عدم اتّساق بين شيئين أو فكرتين لا يمكن أن تكونا صحيحتين في نفس الوقت، وهو من الأخطاء المنطقيّة التي يقع فيها الكاتب أو المتحدّث نتيجة الإهمال وعدم الانتباه في اختيار الألفاظ وتطوير الأفكار الواردة في النّصّ أو المادّة المنوي توصيلها للقارئ أو السّامع. وقد يكون التّناقض واضحاً ومكشوفاً وقد يكون غامضاً ومخفيّاً بين السّطور، وفي الحالتين يحتاج القارئ أو السّامع إلى تدريب ويقظة للتّعرّف على التّناقضات التي يواجهها.</td></tr>
<tr><td>مثال</td><td>لإعطاء مثال على التّناقض المكشوف في نصّ لغوي نورد ما يلي:
تعرض فريق كرة السّلّة بالمدرسة المجاورة لحادث سيّارة أدّى إلى وقوع عدّة إصابات بين اللاّعبين. وقد نقل المصابون إلى قسم الطّوارئ بمستشفىً قريب من مكان الحادث، حيث أفاد الأطبّاء بأنّ إصابات اللاّعبين تراوحت بين كسور في أرجل اللاّعبين وجروح خفيفة متفرّقة. خرج اللاّعبون جميعاً بعد إجراء الإسعافات المطلوبة باستثناء قائد الفريق الذي تقرّر أن يبقى في المستشفى لمدّة يومين أو ثلاثة، وكان رأي الطّبيب المعالج أنّه لن يكون قادراً على استخدام يده اليسرى في اللّعب.

إنّ النّصّ يتضمّن تناقضاً واضحاً بين إفادة أطبّاء قسم الطّوارئ التي حصرت إصابات اللاّعبين بين كسور في الأرجل وجروح خفيفة متفرّقة، وبين رأي الطّبيب المعالج لقائد الفريق من حيث عدم قدرته على استخدام يده اليسرى في اللّعب.

أمّا التّناقض الغامض الذي يحتاج إلى قراءة بين السّطور، فنورد عليه المثال التّالي:
يصنع الفولاذ بخلط الحديد والكربون معاً، ويستخدم لصناعة أدوات شديدة الصّلابة تتحمّل الضّغط، وقد كان الكثير من العدد اليدويّة والأدوات والمسامير يصنع من الحديد النّقي. وعند مقارنة الموادّ المصنّعة من الحديد النّقي مع الموادّ المصنّعة من الفولاذ، نجد أنّ الموادّ المصنّعة من الحديد النّقي أكثر صلابة.</td></tr>
</table>

	إنّ النّص هنا يتضمّن تناقضاً مبهماً يتعلّق بدرجة صلابة الموادّ المصنّعة من الفولاذ مقارنةً بتلك المصنّعة من الحديد النّقي. فبينما تقرّر الجملة الأولى أنّ خلط الحديد والكربون في صناعة الفولاذ يهدف إلى زيادة صلابة الموادّ المصنّعة، نجد أنّ الجملة الأخيرة تشير إلى أنّ الموادّ المصنّعة من الحديد النّقي أشدّ صلابة.
أنشطة	نشاط رقم (1): حاول أن توضح مع أفراد مجموعتك التناقضات الموجودة في أخلاق الناس في العصر الحالي. نشاط رقم (2): من خلال قراءتك للفقرة التالية، هل يمكنك بالتعاون مع أفراد مجموعتك تحديد التناضات الموجودة، مع تفسيرك لها؟ "تعد المياه الجوفية رافداً رئيساً للمياه السطحية، وبخاصة بعد أن تطورت وسائل حفر الآبار وضخ المياه الجوفية من أعماق كبيرة. ومما يزيد من أهمية المياه الجوفية أحياناً أنها توجد في مناطق كثيرة الأمطار، ولهذا تنفق بعض الدول القاحلة التي لا يوجد فيها أنهار كبيرة أموالاً طائلة للكشف عن المياه الجوفية واستغلالها". نشاط رقم (3): ناقش مع أفراد مجموعتك التناقض الموجود في الجملة التالية: "نتيجة لتباين كمية الأمطار تندفع الرياح من مناطق الضغط الجوي المرتفع إلى مناطق الضغط الجوي المنخفض".

المهارة	استنتاج القياس المنطقي وتوظيفه للوصول إلى استنتاج
تعريف	ينعقد الاستدلال/ أو الاستنتاج بسبب العلاقة بين حالتين أو موقفين؛ لتنشأ بذلك قضية أخرى ثالثة جديدة
مثال	استخدم الأمثلة التالية لشرح حالات الـ (كل) a. كل الكلاب كانت جراء صغيرة .بوبي كلب. لذلك يمكن معرفة ان بوبي كان جروا. b. لاسي كلب. لذلك يمكن التيقن أن لاسي سبق وان كان جروا. تبدأ الجمل والتعابير المنفية بكلمة (ليس/ لا) بدلا من كلمة (كل). وقد تلمح تلك الجمل الى معنى النفي أيضا ويمكننا ان نعكس الجمل المنفية بكلمة (ليس/ لا) وتظل رغم ذلك النقد صحيحة المعنى . استخدام الجمل التالية كأمثلة : لا ضفدع يستطيع الكلام. لذلك فمن يستطيع الكلام ليس بضفدع . ليس لأي كتاب عجلات لذلك فلا يمكن ان يكون لأي مما له عجلات كتابا. لا حشرة لها فرو. لذلك فليس لمن لديه فراء حشرة . لا قطة تستطيع الطيران . لذلك فلي مما يطير بقطة.
أنشطة	نشاط رقم (1): ● كل الطائرات تطير. الجامبو نوع من انواع الطائرات .وهكذا نعرف ان الجامبو.... ● كل الزواحف تبيت بياتا شتويا . الأفعى من الزواحف . اذا فان الأفاعي...... ● كل النباتات الصحراوية تتكيف مع الجو الحار . النخلة نبات صحراوي. لذا نعلم ان ...... ● كل ولاية من الولايات المتحدة الأمريكية لديها عاصمة. ميتشيجين ولاية، لذلك ....

المهارة	تتبع الأفكار وربطها للتنبؤ بالنتيجة
تعريف	النظر إلى المستقبل لرؤية النتائج لبعض الأعمال و القرارات و القوانين والاختراعات
مثال	قامت الحكومة بوقف استيراد السيارات من الخارج. النتائج المتوقعة: ـ ارتفاع سعر السيارات بشكل مفاجئ. ـ تناقص أعداد السيارات بشكل واضح. ـ يبدأ الناس بالتفكير بإنشاء مصانع محلية للسيارات. ـ قد تفشل صناعة السيارات فيؤدي ذلك الى ضجر الناس وهجرتهم إلى الخارج.
أنشطة	نشاط رقم (1): ما النتائج المترتبة على إلغاء جميع الامتحانات في المدارس؟ منع استخدام الخادمات في المنازل. ما النتائج التي تترتب على ذلك ؟ نشاط رقم (2): افتراض أن البترول ومشتقاته نفذت من العالم . ما النتائج التي تترتب على ذلك.

المهارة	تحليل المبدأ أو التعميم وتحديد المفاهيم التي يتكون منها
تعريف	القدرة على تحليل الخصائص الأساسية لمبدأ أو تعميم وإيجاد المفاهيم التي يتكون منها
مثال	مربع الخصائص الأساسية المكونة له: • 4 جوانب متساوية • 4 زوايا قائمة • ثنائي الأبعاد • شكل مقفل
أنشطة	نشاط رقم (1): ما هي الخصائص الأساسية المكونة لـ" القانون"؟ نشاط رقم (2): ما هي الخصائص الأساسية المكونة لـ "الثقافة"؟ نشاط رقم (3): حدد العناصر المكونة للمبدأ التالي: " في الديموقراطية يكون الشعب بحاجة إلى التمثيل النيابي حتى يصل إلى الصفوة والخبرة التي تستطيع أن تحكمه وتحافظ عليه وتعمل على تقدمه". نشاط رقم (4): (كل دولة ذات نظام ملكي يكون فيها نظام الحكم ملكي وراثي) حدد العناصر المكونة للتعميم السابق.

المهارة	تقييم المعلومات والأفكار الواردة في المادة التعليمية
تعريف	الحكم على الأفكار أو المعلومات وتثمينها من جهة القدر أو القيمة، والقدرة على إطلاق الأحكام على نوعية الفكرة اعتمادا على معايير محددة مما يؤدي إلى دعم الفكرة أو رفضها.
مثال	تعطى أي فقرة من كتاب مدرسي عادي بحيث تتوفر بها الأبعاد التقليدية والغير مرنة في التعليم. ما هو رأيك بنوعية التعليم حسب ما ورد في الفقرة السابقة؟
أنشطة	نشاط رقم (1): قيم الحكمين التاليين: أحدهما يرى أن البترول العربي نقمة، والآخر يرى أنه نعمة حباها الـلـه للعرب. نشاط رقم (2): قيم حركة التغير الاجتماعي في ضوء القيم والمبادئ التي تؤمن بها.

المهارة	تحري جوانب التحيز والذاتية في محتوى تعليمي
تعريف	القدرة على تحديد الأفكار المغرضة، والكلمات والعوامل المشحونة بالعاطفة، والتعميمات المبالغ فيها من المعلومات
مثال	"يعد الأردن من أكثر دول العالم خصوبة في التربة، فالتربة هي العماد الأساسي للإنتاج الزراعي، لذا فإن الأردن تعتبر من الدول المكتفية ذاتيا في مجال الإنتاج الزراعي كما أنها تقوم بتصدير الفائض إلى الخارج" التحيز: "الأردن من أكثر دول العالم خصوبة في التربة" فهناك العديد من دول العالم تتمتع بتربة أكثر خصوبة من الأردن، كما أن الأردن ليست مكتفية ذاتيا في مجال الزراعة.
أنشطة	نشاط رقم (1): " يعد التعليم إحدى ركائز نهضة الدولة الثقافية والفكرية، من أجل المحافظة على تراث الأمة وقيمها وإنجازاتها وحضارتها، والتعليم في الوطن العربي يتميز بالتقدم والتطور، وقد انعكس ذلك على العديد من التطورات التي شهدها خلال القرن الماضي" حدد جوانب التحيز في الفقرة السابقة.

المهارة	تقييم الحجج والآراء والأدلة
تعريف	القدرة على الحكم على الحجج والآراء والأدلة إن كانت قوية أم ضعيفة.
مثال	يمكن تعليم هذه المهارة من خلال لعب الدور حول حادثة سرقة محفظة خارج غرفة الصف في ساحة المدرسة، وتوجيه أسئلة حول تلك الحادثة للطلاب الذين مثلوها، ثم يقوم المعلم ببيان العناصر الرئيسية الثلاثة للدليل المطلوب حول حادثة السرقة، وهي تلك العناصر المطلوبة عند دراسة مادة التاريخ، وتتمثل بشهود العيان، وهم الطلبة الممثلون لحادثة السرقة، والوثائق المكتوبة، وهي أجوبة الطلاب الممثلين عن أسئلة زملائهم، والدوافع للسرقة، وهو المحفظة. وبهذا يتعلم الطلاب مهارة تحديد الدليل بتوجيه الأسئلة التالية لأنفسهم: هل لهذه العبارة شهود؟، هل يوجد وثيقة مكتوبة تؤيد هذه العبارة؟، ما هو الشيء الدافع لقول هذه العبارة أو تلك الحادث؟. بعد تحديد الدليل من جانب الطلاب، فإنهم يعملون على تقويمه، وهنا يجب عليهم أن يسألوا أنفسهم الأسئلة الأربعة التالية: - هل هو دليل رئيسي أو ثانوي؟ - هل يوجد سبب يدفع واضع الدليل نحو التحريف والتشويه - هل يوجد دليل آخر يدعم هذا الدليل؟ - هل هو دليل عام أم خاص؟
أنشطة	نشاط رقم (1): الآراء التالية هي إما لصالح أو ضد فرض ضرائب أعلى على الأغنياء. حدد إن كان الدليل أو الرأي قويا أم ضعيفا: 1. طالما يرى الفقراء الأغنياء ينفقون أوالهم بتبذير، فإنهم سيظلون يشعرون بعدم وجود عدالة اجتماعية. 2. في النهاية فإن معظم الثروة تتحقق بسبب جهد شخص آخر أو جهله. 3. تتطلب المساواة الاجتماعية أن لا يكون هناك فارق كبير في الثروة بين شخص وآخر.

4. مهما ارتفعت الضرائب فإنه سيكون للأغنياء قدرة على كسب المال لدفعها. 5. الغيرة من الأغنياء ليست أساسا جيدا للعدل. 6. الأغنياء ينفقون الكثير من المال وبذلك يفتحون أعمالا للآخرين.	

المهارة	ملاحظة أوجه الشبه
تعريف	لا أدري إن كنت قد فكرت في كيف يتشابه كل زوج من الأشياء في هذا التمرين. كيف يمكن أن تشبه الشجرة النملة؟ أنت لم تتعلم هذا، ومع ذلك، لو أنك نظمت وخزنت بعض خصائص النمل والأشجار في ذهنك، فسوف تجد بعض الخصائص المشتركة. الأسئلة في هذا التمرين ستساعدك على إيجاد روابط غير عادية بين الأشياء.
مثال	اكتب ثلاثة أوجه أو أكثر تكون فيها المادة الأولى مشابهة للمادة الثانية في كل زوج المواد: موز وليمون ثلاث خصائص متشابهة: - أصفر - طعام - ينمو على الأشجار
أنشطة	اكتب ثلاثة أوجه أو أكثر تكون فيها المادة الأولى مشابهة للمادة الثانية في كل زوج: 1. مثلث ومربع 2. نملة وشجرة 3. الرقمان 4 و 9 4. فريق وأسرة 5. كلمة "سقط" وكلمة "جرى"

	المواد ثلاث خصائص متشابهة 6. الرقمان 12 و 24 7. كلمة "شاحنة" وكلمة "قطار"

المهارة	ملاحظة أوجه الاختلاف
تعريف	من المفيد أيضاً أن تلاحظ كيف تختلف الأشياء عن بعضها. قد يكون القط والكلب – على سبيل – متشابهين من حيث أنهما من الكائنات الحية، وكلاهما حيوان، ولهما أربع أرجل، وكلاهما يأكل اللحم، ولكن القط فقط يقوم بالمواء أو يتسلق الأشجار، وهي حقيقة مفيدة عندما يلاحقك كلب مسعور!.
مثال	اكتب ثلاثة أوجه أو أكثر تكون فيها المادة الأولى في كل زوج مختلفة عن المادة الثانية في ذلك الزوج.
	المواد ثلاث خصائص متشابهة
	قط وكلب - يستطيع تسلق الأشجار
	- يقوم بالمواء
	- له شوارب
أنشطة	اكتب ثلاثة أوجه أو أكثر تكون فيها المادة الأولى في كل زوج مختلفة عن المادة الثانية في ذلك الزوج.
	1. سرطان البحر والسمكة
	2. دائرة ومثلث
	3. بحيرة ومحيط
	4. فريق وأسرة
	المواد ثلاث خصائص مختلفة
	كلمة "سقط" وكلمة "جرى"

5. الرقمان 4 و 11

6. صحيفة وكتاب

7. عصفور ونخلة

8. شريان ووريد

<u>المواد</u>   <u>ثلاث خصائص مختلفة</u>
9. الشورى والاستبداد

10. أفعال وأسماء

المهارة	تصنيف الأشياء المتشابهة
تعريف	هذا التمرين أكثر صعوبة من التمرين السابق، لأنه يلزمك أن تجد الخاصية المشتركة بين ثلاثة أشياء بدلاً من شيئين.
مثال	المواد الثلاثة في المجموعات التالية متشابهة تماماً في جانب من الجوانب. ما وجه الشبه بينها؟ المواد ثلاث خصائص متشابهة مقص - مغناطيس - مسمار - مصنوعة من معدن
أنشطة	المواد الثلاثة في المجموعات التالية متشابهة تماماً في جانب من الجوانب. ما وجه الشبه بينها؟ 1. حطين - بدر - القادسية 2. جليد - ضباب - بخار 3. أرنب - غزال - بقرة 4. فحم - أشعة الشمس - يورانيوم 5. رافعة - بكرة - سلم 6. أفعى - تمساح - سحلية 7. هيدروجين - أكسجين - حديد المواد الخاصية المشتركة 8. صدى - هدير - رعد 9. يأكل - ينام - يشرب

10. قطن - صوف - كتان 11. نملة - خنفساء - فراشة 12. إطار - عملة معدنية - أزرار قميص 13. فلين - جبل جليدي - تفاحة 14. تظهير الصورة - الظل - الرؤية المواد الخاصية المشتركة 15. الأرقام 7 - 11 - 13 16. الأرقام 16 - 64 - 36 17. مثلث - مربع - شكل خماسي 18. يمشي - يلحق - يتسلق 19. ضوء - حرارة - صوت 20. انتخابات - تصويت - عضو مجلس شورى	

<table>
<tr><td>المهارة</td><td>تحديد الاختلافات</td></tr>
<tr><td>تعريف</td><td>التمرين التالي أكثر صعوبة من التمرين السابق. في هذا التمرين يلزمك أن تبحث عن شيء واحد يختلف عن الأشياء الثلاثة الأخرى. سوف يكون هناك أكثر من إجابة واحدة صحيحة، ولكن يلزمك أنة تقول لماذا اخترت إجابتك. مثلاً، تكون الإجابة في المثال المعطى: الحصان لأنه الوحيد الذي يُركب، أو الكلب لأنه الوحيد الذي يأكل اللحم.</td></tr>
<tr><td>مثال</td><td>ما الشيء المختلف نوعاً عن البقية في المجموعات التالية؟ اكتبه و اكتب السبب وراء اختيارك.
<u>المجموعة</u>   <u>الشيء المختلف</u>   <u>السبب؟</u>
بقرة - حصان - عنزة - كلب   كلب   يأكل اللحم</td></tr>
<tr><td>أنشطة</td><td>ما الشيء المختلف نوعاً عن البقية في المجموعات التالية؟ اكتبه و اكتب السبب وراء اختيارك.

1. برتقال - ليمون هندي
كمثرى - ليمون

2. خشب - بلاستيك
قطن - مطاط

<u>المجموعة</u>   <u>الشيء المختلف</u>   <u>السبب</u>
3. نفط - خشب
غاز طبيعي - فحم حجري

4. الأرقام 12 - 27 - 25 - 39</td></tr>
</table>

5. الأرقام 25 - 16 - 21 - 36

6. الكلمات: مضى

مجرى - مسعى

7. الكلمات: يجري

يضرب - سريع - يسقط

<u>المجموعة</u> <u>الشيء المختلف</u> <u>السبب؟</u>

8. نابليون - شمع

بوليستر - تفلون

9. صقيع - سحاب

غبار - ندى

10. الحرارة - الغاز

11. الصوت - الضوء

12. القمر - الشمس

المصباح - النار

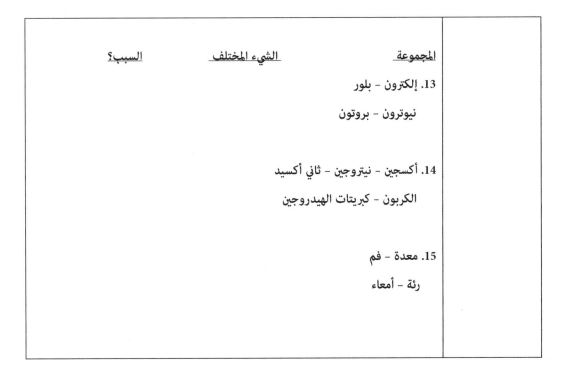

المجموعة	الشيء المختلف	السبب؟
13. إلكترون - بلور نيوترون - بروتون		
14. أكسجين - نيتروجين - ثاني أكسيد الكربون - كبريتات الهيدروجين		
15. معدة - فم رئة - أمعاء		

المقارنة	المهارة
في هذا التمرين يلزمك أن تفكر كيف يختلف شيئان وكيف يتشابهان. قد يساعدك في حل التمرين تفكيرك في الحجم، واللون، والاستخدام، والمادة، والأجزاء والشكل.	تعريف
اكتب ثلاثة أوجه يكون فيها الشيئان متشابهين، وثلاثة أوجه يكونان فيها مختلفين عن بعضهما. 1. الأشجار فقط الخصائص المشتركة الحشرات فقط	مثال
اكتب ثلاثة أوجه يكون فيها الشيئان متشابهين، وثلاثة أوجه يكونان فيها مختلفين عن بعضهما. 1. الديناصورات فقط الخصائص المشتركة الفيلة فقط 2. الكتب فقط الخصائص المشتركة الصحف فقط	أنشطة

<table dir="rtl">
<tr><td>المهارة</td><td>تصنيف الأشياء إلى مجموعات</td></tr>
<tr><td>تعريف</td><td>سيدفعك هذا التمرين إلى البحث عن الروابط في ذاكرتك. ونزودك هذه المرة بأسماء ثلاث مجموعات . عليك أن تصنف الأشياء تحت هذه المجموعات الثلاث.</td></tr>
<tr><td>مثال</td><td>صنف الأشياء التالية إلى ما يناسبها من المجموعات في الجدول.
1. أطعمة: حليب، جزر، جبن، تفاح، بطيخ، بطاطس، زبدة، كريم، كمثرى، فراولة، بصل، موز.
فواكه   خضراوات   ألبان
تفاح   بصل   زبدة</td></tr>
<tr><td>أنشطة</td><td>1. أجزاء الجسم: أمعاء، كلية، مثانة، أنف، معدة، رئة، قصبة هوائية، لعاب، غدد عرقية، فم.
هضمية   إفرازية   تنفسية

2. الإنسان: أكل، ابتهاج، سيارة، شرب، إجازة، نوم، مجوهرات، بُغض، غيرة.
احتياجات   رغبات   أحاسيس

4. مواد: فولاذ، ماء، بلاستيك، أكسجين، كحول، ثاني أكسيد الكربون، خشب، نحاس، كيروسين، نيتروجين، زيت
صلب   سائل   غاز</td></tr>
</table>

5. مفاهيم رياضية: مستطيل، متر، أسطواني، مكعب، ميل، مثلث، هرم، مربع، كيلومتر، خماسي، كروي. وحدة قياس ذات بعدين ثلاثية الأبعاد	

المهارة	ترتيب الأشياء حسب الحجم
تعريف	ننظم الأشياء في أذهاننا متسلسلة أو مرتبة. فنحن، على سبيل المثال، نرتب الأشياء بالنسبة لحجمها ولسرعتها ولتكلفتها... وهكذا. إن ترتيب الأشياء ومقارنتها يمثل جزءاً من ربطها معاً في ذاكرتنا بطريقة منظمة.
مثال	الأشياء التالية غير مرتبة. أعد ترتيبها تنازلياً حسب الحجم مبتدئاً بالأكبر. الأشياء الترتيب من الأكبر إلى الأصغر جملة - فقرة - شجرة
أنشطة	الأشياء التالية غير مرتبة. أعد ترتيبها تنازلياً حسب الحجم مبتدئاً بالأكبر. 1. غابة - غصن - شجرة غصين 2. شريان - الدورة الدموية الجسم - القلب 3. كوكب - الكون القمر - الشمس 4. الشبكية - العين الجهاز الحسي - عصوية 5. بلور - جزيء - ذرة - نواة 6. شعب - مجتمع - عائلة - ابنة

7. قبيلة – عائلة – عرق – ابن

8. مدينة – ضاحية – دولة – منطقة

9. سنتيمتر – متر – ميلليمتر – كيلومتر

المهارة	ترتيب الأشياء حسب الوقت
تعريف	كما لاحظت للتو، نستطيع أن نرتب الأشياء حسب أحجامها. نستطيع أيضاً أن نرتب الأشياء حسب أوقاتها أو حسب تسلسل حدوثها.
مثال	الأشياء التالية ليست مرتبة. أعد كتابتها مرتبة زمنياً حسب تسلسل حدوثها. ابدأ بأول شيء في التسلسل. العناصر الترتيب حسب تسلسل الحدوث الغسق - الظهيرة - الفجر - منتصف الليل الفجر - الظهيرة - الغسق - منتصف الليل
أنشطة	الأشياء التالية ليست مرتبة. أعد كتابتها مرتبة زمنياً حسب تسلسل حدوثها. ابدأ بأول شيء في التسلسل. 1. يرقة - بيضة - فراشة 2. قرار فكرة - مشورة - خاطرة 3. يخترع - يبيع - يصنع - يبحث العناصر الترتيب حسب تسلسل الحدوث 4. الإفطار - السحور - الصوم - الإمساك 5. يطحن - يحصد - يخبز - يأكل

المهارة	التعميم
تعريف	فكر في كل الطيور التي رأيتها أو في الحياة الحقيقية. هل بينها شيء ما تشترك فيه؟ في مكان ما في ذهنك هناك صورة طائر له ريش ومنقار وبيض وعش ويطير، وهكذا. هذا هو تعميمك بشأن الطيور. لماذا نعمم؟ التعميم يساعدنا على التعرف على أمثلة جديدة للطيور. ويساعدنا أيضاً على أن نتوقع أو أن نقول ما قد يفعله الطائر الجديد الذي نراه. وهكذا لديك صور عقلية لسيارات وكراسي ومثلثات، وأشياء أخرى كثيرة.
مثال	اكتب أربع خصائص مشتركة أو أكثر لكل العملات المعدنية التي تعرفها. فهذه هي: تعميماتك عن العملات المعدنية: تتميز جميع العملات المعدنية بما يلي: أ)... ب)... ج) .... د)) ....
أنشطة	1. اكتب أربع خصائص مشتركة لكل الطوابع التي تعرفها. هذه هي تعميماتك عن الطوابع: تتميز كل الطوابع بما يلي: أ)... ب)... ج) .... د)... 2. اكتب أربع خصائص مشتركة لكل الكلمات التي تعرفها. هذه هي تعميماتك عن الكلمات: تتميز كل الكلمات بما يلي: أ)... ب) .... ج) .... د)...

3. انظر إلى الأشكال المضلعة التالية. اكتب ما تستطيع أن تدركه من الخصائص المشتركة لتلك الأشكال.

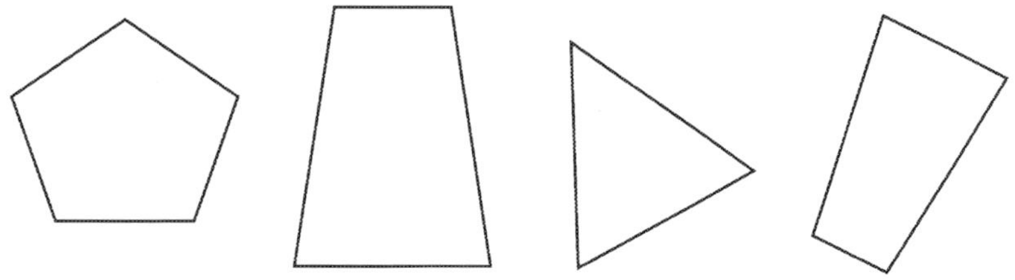

تتميز كل الأشكال المضلعة بما يلي:

أ) ....

ب) ....

ج) ....

د) ....

تعليمات

في الأسئلة رقم 6 و 7، اكتب "نعم" إذا كانت الأمثلة المعطاة تحتوي على الخصائص المدونة في أعلى الأعمدة، واكتب "لا" إذا كانت الأمثلة لا تحمل تلك الخصائص. أو قم بكتابة رقم إذا طلب منك ذلك.

الجدول في السؤال رقم 5 تم إكماله لكي يساعدك على الانطلاق.

.5

الثديات	الخصائص					
	أرجل	يسبح	رئة	دم حار	يطير	عمود فقري
الإنسان	نعم	نعم	نعم	نعم	لا	نعم
الحوت	لا	نعم	نعم	نعم	لا	نعم
الكلاب	نعم	نعم	نعم	نعم	لا	نعم
الخفافيش	نعم	لا	نعم	نعم	نعم	نعم

بشكل عام، تتصف جميع الثدييات بما يلي:

....

....

....

....

....

.6

معادن				
	موصل للكهرباء	صلب	مغناطيسي	يذوب بسهولة
حديد				
ألومنيوم				
قصدير				
زئبق				

بشكل عام، تتصف جميع المعادن بما يلي:

....

....

....

....

.7

حشرات	الخصائص			
	عدد الأرجل	عدد أجزاء لجسم	أجنحة	عيون
الجندب				
الخنفساء				
الذبابة				
النملة				
النحلة				

بشكل عام، تتصف جميع الحشرات بما يلي:

....

....

....

....

....

8. ما التعميمات التي تستطيع الخروج بها عن الأطعمة ذات الألياف العالية مستفيداً من الحقائق التالية؟

أطعمة	الخصائص		
	قليل الدسم	قليل السكر	ألياف عالية
خس	نعم	نعم	نعم
جبن	لا	نعم	لا
تفاح	نعم	نعم	نعم
فاصوليا محمصة	نعم	نعم	نعم
كعكة	لا	لا	لا

بشكل عام، تتصف جميع الأطعمة ذات الألياف العالية بما يلي:

....

....

....

....

المهارة	تحليل العلاقات
تعريف	هذه الأسئلة توجد عادةً في اختبارات الذكاء، فالمفكرون الجيدون سريعون في تحليل العلاقة بين الأشياء الأكبر، والأشياء الأصغر التي هي جزء منها.
مثال	تأمل العلاقة بين الكلمة الأولى والثانية في كل مما يلي: اكتب الكلمة المفقودة لكي تتصل بالكلمة الثالثة بنفس الطريقة. مثال: علاقة الريش بالطير كعلاقة الحراشيف بالسمك في هذا المثال، الريش يغطي جسم الطير، وكذلك الحراشيف تغطي جسم السمكة.
أنشطة	تأمل العلاقة بين الكلمة الأولى والثانية في كل مما يلي: اكتب الكلمة المفقودة لكي تتصل بالكلمة الثالثة بنفس الطريقة. 1. علاقة الأزرق بالألوان كعلاقة النسر بـ .... 2. علاقة الشمس بالنجوم كعلاقة الأرض بـ .... 3. علاقة المعدة بالطعام كعلاقة الرئة بـ .... 4. علاقة المثلث بالثلاثة كعلاقة المربع بـ .... 5. علاقة الدائرة بالشكل الكروي كعلاقة المربع بـ .... 6. علاقة المعلم بالمدرسة كعلاقة القاضي بـ .... 7. علاقة الرقم 3 بالرقم 5 كعلاقة الرقم 60 بالرقم .... 8. علاقة أشجار الفواكه بسقوط أوراقها كعلاقة النخلة بـ .... 9. علاقة القمر بالكوكب كعلاقة الإلكترون بـ ....

10. علاقة الشريان بالدم كعلاقة الأعصاب بـ ....

11. علاقة الوزير بالوزارة كعلاقة المحافظ بـ ....

12. علاقة الشبكية بالعين كعلاقة البطين بـ ....

13. علاقة الصينيين بالآسيويين كعلاقة الأكراد بـ ....

14. علاقة الفراشة بالحشرات كعلاقة الزهرة بـ ....

15. علاقة كلمة "ذهب" بالأفعال كعلاقة كلمة "بيت" بـ ....

16. علاقة الأكسجين بالعنصر كعلاقة الملح بـ ....

المهارة	**تحليل الأنماط تسلسلياً**
تعريف	**هنا تمرين يتضمن أسئلة من تلك التي ترد عادةً في اختبارات الذكاء.**
مثال	**اكتب الجزء الأخير للتسلسلات التالية. تأمل الأجزاء الثلاثة الأولى لكل تسلسل. حلل كيف يتغير الجزء الثاني عن الأول. والآن كيف يتغير الثالث عن الثاني؟ استمر على هذا الأسلوب لكي تجد الرابع.**
أنشطة	1. أ ت ت ت ج ت .... 2. 3 4 6 .... 3. أ ح خ أ ت ح خ ت ج ح خ ج .... 4. 6 9 13 .... 5. 4 9 16 .... 6. 3 8 15 .... 7. .... 8. ....

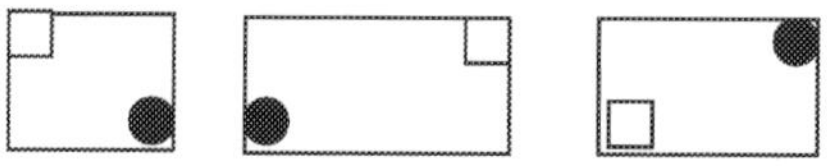

المهارة	التمييز بين الحقيقي، وغير الحقيقي، ووجهة النظر
تعريف	عندما تقرأ صحيفة أو مجلة هل تؤمن أن كل جملة وردت فيها هي حقيقة من الحقائق؟ إذا لم تكن كذلك فكيف تفرق بين جمل الحقائق والجمل التي تعبر عن وجهات نظر؟
مثال	حقيقي: الطائرة أسرع من السيارة غير حقيقي: جميع الرياضيين مؤدبون وجهة نظر: العمل الحكومي أفضل من الخاص
أنشطة	بعض الجمل في الصحف أو المجلات حقائق، وبعضها ليست حقائق، وبعضها وجهات نظر. فالجمل هنا هي خليط من هذه الأنواع الثلاثة. فكر في كل جملة، ثم اكتب في نهايتها هل هي حقيقة أو ليست حقيقة أو وجهة نظر. 1. الشمس أكبر من القمر: .... 2. ربما يصبح الكمبيوتر بحجم الجزيء: .... 3. ينبغي أن يكون رئيس الوزراء من علماء السياسة والقانون: .... 4. الشمس أكثر أهمية من القمر بالنسبة لنا: .... 5. ستحدث هزة أرضية في الصين في العالم القادم: .... 6. الصخور من الكائنات الحية: .... 7. لحم الماعز ألذ من لحوم الأسماك: .... 8. سيزداد الناس في العالم العام القادم: .... 9. كل الحشرات مؤذية: .... 10. الحشرات لها ستة أرجل: ....

المهارة	اختيار مدى مصداقية ادعاء ما
تعريف	تقرأ كثيراً في الصحف أن شخصاً ما يدعى أنه قد رأى أجساماً طائرة غير معروفة أو مخلوقات غريبة مثل وحش بحيرة (نس). أول ما ينبغي التفكير فيه هو أن تسأل نفسك: "ما مصداقية هذه الصحيفة؟" أو "ما مصداقية كاتب المقال؟" . من الطبيعي أن نبحث عن دليل أو إثبات قبل تصديق هذه الادعاءات.
مثال	المفكرون تفكيراً ناقداً لديهم بعض التساؤلات المفيدة التي يريدون الإجابة عنها من قبل صاحب الادعاء. فهذه فرصتك لتفكر في أسئلتك للحكم على مصداقية أي ادعاء. ولعل غيرك من الناس لديه تساؤلات أخرى يمكنك إضافتها إلى تساؤلاتك.
أنشطة	1. أوردت الصحيفة خبراً عن رجل يدعى أنه رأى حيواناً يشبه الديناصورات في النهر خلف مزرعته. اكتب أربعة تساؤلات تريد منه الإجابة عنها قبل تصديقه. تحقق من الأمر من حولك إن كان لديهم أسئلة أخرى، ثم كون قائمة من الأسئلة المفيدة لبيان مدى صدق الادعاء. أ) .... ب) .... ج) .... د) ....

2. ضع خطاً تحت أي دليل يعينك على تصديق الادعاء التالي. ارسم دائرة حول أي عبارات تجعلك تشك في مصداقية الادعاء.

"في عام 1960 م، ادعى "تورماكليود" أنه رأى وحش بحيرة "نس" بواسطة المنظار. فقد رأى المخلوق الضخم على بعد حوالي 500 متر في الناحية الأخرى من البحيرة. البحيرة عميقة جداً. وكان للوحش ثلاثة خراطيم شبيهة بخرطوم الفيل. لم يكن مع "ماكليود" أحد من أصدقائه، فقد انتقل إلى المكان الذي يسكنه لأنه أراد أن يرى الوحش قبل أن يموت. رأى "ماكليود" الوحش لمدة 8 دقائق. كان الطقس معتماً وملبداً بالغيوم. لبس "ماكليود" معطفاً جديداً وقبعة ليبقى دافئاً. اتصل "ماكليود" بعد رؤيته للوحش بالصحيفة التي انتقلت ملكيتها للتو إلى مالك جديد" .

3. ضع خطاً تحت أي دليل يساعدك على تصديق الادعاء التالي. ارسم دائرة حول أي عبارات تجعلك تشك في مصداقية الادعاء.

"في الثاني من نوفمبر 1957 م، في مدينة "لفلاند" بولاية "تكساس"، ادعت إحدى العائلات أنها رأت طبقاً طائراً ظهر على الأرض بالقرب من سيارتهم حوالي الساعة العاشرة ليلاً. كانت السيارة جديدة وبحالة جيدة. لقد رأوا الطبق لمدة خمس دقائق عندما كانت العائلة في طريقها إلى المنزل بعد مشاهدة عرض جوي للقوات الجوية طوال اليوم، وقد شاهدوا الطبق الطائر لمدة خمس دقائق. بعد عدة ساعات، رأى شخص آخر الطبق في البلدة المجاورة. قالت العائلة: "إن محرك سيارتهم توقف عند اقتراب الطبق منهم. وفي الأثناء التي رأوا فيها الطبق، كانت هناك عواصف رعدية في المنطقة. اتصل الأب بمحرر الصحيفة المحلية التي كانت قد كتبت سلسلة من المقالات عن الأطباق الطائرة في ذلك الأسبوع" .

المهارة	الأسئلة
تعريف	جملة مركبة لغويا، تأخذ صيغة الاستفهام، أو لها وظيفة الاستفهام، وهى خير وسيلة لجمع المعلومات، واستكشاف المواقف الغامضة لجعلها تبدو أكثر وضوحا.
مثال	-خذ مشطا من البلاستيك أمشط شعرك الجاف به حوالي عشرة مرات. افتح حنفية الماء لينزل منها خيط رفيع من الماء، قرب المشط من خيط الماء الرفيع، ماذا يحدث؟ هل من عادتك أن تسأل عددا من الأسئلة عندما ترى حادثة كهذه التي رأيتها تحدث؟ إليك الأسئلة التالية لتطرها على نفسك وتجيب عنها: • هل أستطيع أن أجعل الماء ينحرف في الاتجاه الآخر؟ • ما أقصى مقدار ينحرفه الماء؟ • هل ينحرف الماء بمقدار واحد دائما؟ • ما العوامل التي تؤثر على مقدار انحراف خيط الماء؟ • هل جميع الأمشاط تحدث الأثر نفسه على الماء؟ • هل يعتمد حدوث الظاهرة على نوع الشعر؟ • ماذا يحدث لو لامس المشط الماء؟ أجب عن الأسئلة السابقة عن طريق التجريب والمحاولة. اجعل الماء ينحرف في الاتجاه الآخر. لاحظ مقدار انحراف الماء في كل مرة، غير من سرعة تدفق الماء.. وهكذا. - في أثناء وجودك في أحد الأماكن العامة تعثر على حقيبة تحتوي على مبلغ من النقود.فتضع الحقيبة في السيارة استعدادا لتسليمها إلى مركز الشرطة،وقبل مغادرتك المكان يأتي إليك أحد الأشخاص ويسألك إن كنت عثرت على حقيبة ما. أنت ترغب تسليمه الحقيبة ولكن عليك أن تتأكد من أنه هو صاحب الحقيبة.ما الأسئلة التي ستطرحها عليه؟ • ما لون الحقيبة؟ • ما شكلها؟ • ما المبلغ المفقود؟ من الواضح عزيزي الطالب أن ثلاثة أسئلة في مثل هذا الموقف كافية للتأكد

	من صاحب الحقيبة المفقودة. فأنت لو طرحت السؤال الآتي مثل(لماذا فقدت الحقيبة؟) يكون هذا السؤال غير مفيد،لأن هدفك هو التأكد من ملكية الشخص للحقيبة فقط.
أنشطة	1. تتعطل سيارتك في أحد الشوارع،وفجأة يقف أحد الأشخاص فيدعي أنه يعمل ميكانيكيا .ما الأسئلة التي ستطرحها على ذلك الشخص قبل أن تسمح له بتصليح سيارتك؟ 2. وجدت طفلا ضالا في أحد الأسواق التجارية.ما الأسئلة التي ستطرحها عليه حتى تستطيع أن ترشده إلى أسرته؟ 3. لديك مؤسسة تجارية مختصة في مجال تسويق المواد الغذائية،وترغب في مقابلة مجموعة من الأشخاص لكي تختار أحدهم للعمل في المؤسسة بوظيفة مندوب مبيعات.ما الأسئلة التي سوف تطرحها على هؤلاء الأشخاص؟ 4. ترغب في شراء سيارة،و أحد أصدقائك لديه سيارة يرغب في بيعها.ما الأسئلة التي تطرحها عليه قبل أن تقدم على شراء سيارته؟ 5. قام أحد السائقين بعمل حادث مروري أدى إلى أضرار مادية وجسدية كبيرة.وكنت تعمل ضابط شرطة وتقوم بالتحقيق في هذا الحادث.ما الأسئلة التي ستطرحها على السائق لكي تقف على الأسباب التي أدت إلى وقوع مثل هذا الحادث؟ 6. تعمل صحفيا في إحدى الصحف الشهيرة،وقد كلفت بالمشاركة في مؤتمر صحفي هام جدا للرئيس الأمريكي،وقد حدد المسؤولون لكل صحفي المجال لطرح ثلاثة أسئلة فقط. ما أهم ثلاثة أسئلة ستطرحها على الرئيس الأمريكي؟

المهارة	البدائل والاحتمالات والخيارات
تعريف	مهارة مهمة من مهارات التفكير تتطلب بذل جهد موسع للبحث عن خيارات أخرى للموقف، وكذلك انتقاء بدائل وخيارات جديدة بدلا من اقتصار تركيز الفرد على البدائل والخيارات الواضحة.
مثال	تذهب في أحد الأيام إلى المدرسة فتفاجأ بأن أحد زملائك الحميمين انتقل بشكل مفاجئ إلى مدرسة أخرى . ما الاحتمالات التي يمكن أن تضعها من أجل تفسير ذلك الحدث؟ 1- قد تكون أسرة الطالب رحلت عن المنطقة التي تسكن فيها ، فأصبحت المدرسة بعيدة عن هذا الطالب. 2- قد يكون الطالب تعرض لمضايقات من زملائه ، فطلب من والده نقله إلى مدرسة أخرى . 3- قد يكون الطالب تعرض لتوبيخ من أحد معلميه فأثر ذلك عليه ، فطلب نقله إلى مدرسة أخرى . 4- قد يكون تعرف على أحد الطلاب في مدرسة أخرى فأصر على والده أن ينقله إلى تلك المدرسة. 5- قد لا توفر المدرسة للطالب التعليم المناسب .
أنشطة	1. شخص ما يروج إشاعات ضدك، ويجب عليك التفكير في هذه المشكلة. فكّر في بعض البدائل والخيارات كطرق محتملة لحل هذه المشكلة. 2. هناك أناس يوقفون سياراتهم بجانب الكراج المخصص لك، وبالتالي فإنك لا تستطيع إخراج سيارتك من الكراج. ماذا تستطيع أن تفعل حيال هذه المشكلة؟ ما هي الخيارات والبدائل؟ 3. خلال عملك في أحد المحلات التجارية، تشاهد أحد اللصوص يقوم بسرقة بعض الملابس. ماذا ستفعل حيال هذا الموقف؟ اكتب قائمة بالبدائل المتاحة لك للقيام بتصرف ما حيال هذا الشخص. 4. بعض الناس يشعرون بأن الأطفال أصبحوا لا يكتبون ولا يقرءون بشكل جيد لأنهم يقضون وقتا طويلا في مشاهدة التلفاز. ما هي الطرق والخيارات المختلفة التي يجب على القائمين على برامج التلفاز استخدامها لتشجيع الأطفال على القراءة والكتابة؟

5. يعدك أحد زملائك بأنه سيقوم بزيارتك في وقت محدد ، ولكنه لا يحضر في ذلك الوقت . ما التفسيرات المحتملة ؟ 6. طالب كسول جدا ، وكثيرا ما يرسب في الاختبارات ، لكنك تفاجأ في أحد الأيام بأنه حصل على علامة كاملة في أحد الاختبارات . ما الاحتمالات التي يمكن أن تضعها لتفسير ذلك الموقف ؟ 7. استيقظت ذات يوم من النوم بشكل مفاجئ على صوت صراخ خارج المنزل . ما التفسيرات والاحتمالات التي يمكن أن تضعها في تلك اللحظة؟ 8. ينتهي البترول فجأة من العالم . ما الاحتمالات والتفسيرات التي يمكن أن تضعها الدول من أجل التكيف مع الوضع الجديد؟ 9. فوجئت ذات يوم بأن مدير مدرستك قام باستدعائك إلى مكتبه. ما الاحتمالات والتفسيرات التي يمكن أن تفكر بها ؟ 10. افترض أنك تعمل محققا في أحد أقسام الشرطة، وتمّ إلقاء القبض على رجل كان يقوم بسرقة عدد كبير من الأحذية (الزوج الأيسر فقط) ما الهدف باعتقادك من وراء هذا النوع من السرقة ؟	

الاختيار	المهارة
الجهد الذاتي لإيجاد شيء يلبي الحاجات، ويناسب المتطلبات من بين الاحتمالات والخيارات المختلفة.	تعريف
طالب متفوق دائما،ويحصل على علامات مرتفعة في معظم الاختبارات ثم يفاجئ معلمه بعد حين بأنه قد رسب في أحد الاختبارات .ما التفسيرات التي يمكن وضعها لمثل هذه الحالة؟وهل تستطيع الاختيار من بين التفسيرات المختلفة التي قمت بوضعها؟ التفسيرات: • أصيب بمرض مفاجئ جعله غير قادر على الاستعداد الجيد للاختبار. • لم يستطع النوم في الليل نتيجة الخوف الشديد من الاختبار • تعرض لمشكلة عائلية كبيرة • قرر الرسوب في الاختبار • حدثت مشكلة بينه وبين معلمه فأراد الانتقام منه • إن الاختبار نفسه كان صعبا جدا وغير مناسب لمستوى الطالب • المعلم أخطأ في أثناء رصده العلامات تلاحظ عزيزي الطالب وجود العديد من التفسيرات والاحتمالات. والشيء الأهم هنا هو أن تقوم باختيار أكثر هذه التفسيرات التي يمكن أن تكون مناسبة،ولكي يكون اختيارك ناجحا يجب أن تعرف بالضبط صفات هذا الطالب، وتحدد الظروف التي مر بها. وبعد ذلك يمكن لك أن تحدد التفسيرات وترتبها حسب الأولوية بناء على المعلومات (المتطلبات) التي لديك حول الطالب. وبعد أن تحدد التفسيرات وترتبها تختار الذي يناسب المعلومات التي بحوزتك بشكل أكبر. وبعد اختيارك التفسير الذي وجدت أنه الأكثر دقة تأكد بأن هذا الاختيار يقدم لك تفسيرا مناسبا.	مثال
1. لديك مؤسسة خاصة في مجال الدعاية والإعلان،وقد قمت بالإعلان عن وظيفة (سكرتير) لهذه المؤسسة،وتقدم لشغل هذه الوظيفة ثلاثة أشخاص:	أنشطة

الأول:مواظب،يحترم الوقت،وملم بمهمات الوظيفة ،لكنه لا يتقن اللغة الإنجليزية.

الثاني:يتقن اللغة الإنجليزية،وملم بمهمات الوظيفة،ويتمتع بمهارات اجتماعية عالية،لكنه كبير في السن

الثالث:نشيط جدا،ويحمل مؤهلات علمية عالية،ولكنه لم يعمل في مجال السكرتارية من قبل.

أي من الأشخاص الثلاثة سوف تقوم باختياره؟

(قم بتحديد المتطلبات،ثم اختر الشخص الذي يناسب متطلباتك)

2.تنوي شراء منزل جديد،وأمامك مجموعة من المنازل وعليك أن تختار من بينها ما يناسبك.قم بوضع المتطلبات التي تحتاجها من هذا المنزل حتى تستطيع اختيار المناسب.

3.شخص ذكي لكنه كسول،يحب جمع المال،ولا يحب تلقي الأوامر من أحد،عنيد،يحب الناس،يخاف كثيرا.

أي المهن التالية ستناسبه أكثر ،ولماذا؟

(بائع سيارات-مدرّس-طبيب-مراسل-صحفي-لاعب كرة قدم)

4.تعمل محققا في الشرطة،وأمامك قضية سرقة أحد المحلات التجارية اتهم فيها عدة أشخاص ،وعليك أن تحدد من بينهم الذي قام بالسرقة.

ما المعلومات والأشياء التي سوف تهتم بجمعها قبل تحديد السارق؟قم بتحديد المعلومات والأشياء حسب الأولوية.

5.بدأت العطلة الصيفية،وعليك أن تختار أحد الأشياء التالية تقضي به هذه العطلة:

- السفر إلى الخارج

- قضاء الإجازة في إحدى المدن في بلدك

- البحث عن عمل خلال الإجازة الصيفية

قم باختيار أحد هذه الأشياء بناء على متطلباتك.

6.أوكلت إليك مهمة تدريب منتخب كرة القدم لهذا العام،وعليك قبل البدء في التدريب أن تختار اللاعبين الذين سيشكلون المنتخب.

كيف تختار هؤلاء اللاعبين ؟ما الأمور التي سوف تركّز عليها في أثناء عملية الاختيار؟

7.افترض أنك حصلت على قبول للالتحاق بثلاث كليات جامعية في آن واحد. أن اختيارك إحدى الكليات عملية هامة لأنها تحدد نوع الحياة الجامعية التي ستعيشها في السنوات الأربع القادمة كما تحدد توجهك في حياتك العملية مستقبلا. اذكر الخطوات التي يتوجب عليك اتخاذها لكي تكون عملية الاختيار سليمة وتؤدي إلى اختيار الكلية الأفضل.

المهارة	التوقع
تعريف	اجتهاد يقوم به الفرد عندما لا تتوفر لديه المعلومات الكافية، وذلك في محاولة للافتراض أو التخمين حول بعض المواقف والقضايا التي يمر بها.
مثال	○ سوف أذهب إلى المدرسة غدا صباحا. ○ أبي سيحضر إلى الغداء اليوم. ○ سوف أدخل الجامعة بعد إنهاء الدراسة **توقّع عدداً بين 1-10**
أنشطة	1.توقّع وزن صديقك 2.توقّع فوز فريق كرة قدم بكأس البطولة 3.توقّع نتيجة عدم الاستعداد الجيد للاختبار 4.توقّع درجة الحرارة خلال فصل الصيف 5.توقع لون السيارة الجديدة التي سيشتريها والدك 6.توقّع انخفاض تكاليف الزواج في المستقبل. 7.توقّع نتيجتك في الاختبار. 8.توقّع ماذا ستأكل على الغداء اليوم. 9.توقّع انخفاض عدد العاطلين عن العمل. 10.قم بوضع أكبر كم من التوقعات في الحالة التالية:"منع النساء من قيادة السيارات" 11.ماذا تتوقّع في الحالات التالية: -لاعب كرة قدم كان أداؤه ضعيفا في المباراة الأخيرة،ومدرّب الفريق في حيرة من أمره هل سيشركه في المباراة القادمة أم لا؟ -انقطاع الكهرباء بشكل مفاجئ ولمدة طويلة عن مدينتك. 12.يقدّم جميع طلاب الصف اختبارا نهائيا،ويحصل الجميع على علامة كاملة مما يدفع مدير المدرسة إلى توقّع ما حدث. ما هي بعض التوقعات التي فكّر بها حسب رأيك؟ 13.إغلاق المدارس لمدة خمسة أعوام. ماذا تتوقّع؟؟؟ 14.توقف النساء عن الحمل والولادة لمدة عشر أعوام.

المهارة	التركيب
تعريف	وضع العناصر أو الأجزاء معاً في صورة جديدة لإنتاج شيء مبتكر ومتفرد. وتعتبر هذه المهارة من مهارات التفكير التباعدي (التشعبي) التي تساعد الفرد على اكتشاف واستكشاف طرقاً جديدة في أداء المهام أو الأشياء. وتتيح مهارة التركيب الفرصة للاختراع واكتشاف الأشياء.
مثال	فيما يلي أنواعاً من المنتجات تمثل حسن توظيف مهارة التركيب: قصة لوحة جدارية إعلان حائط قصيدة فلكلور شعبي مسرحية اختراع استعراض دمى استعن بمحتوى المواد الدراسية لجعل الطلبة يبتدعوا إنتاجاً جديداً.
أنشطة	1. أعد كتابة نهاية قصة ما . 2. فكر بطريقة غير مألوفة لعرض تقرير حول كتاب ما . 3. صمم إعلان جداري (بوستر) لبيان طرق استخدام الرياضيات . 4. قدم مقترحاً بطريقة غير مألوفة عن كيفية المحافظة على المال . 5. اخترع آلة يمكنها القيام بـ . . . . . 6. ماذا يمكن أ، يحدث لو لم يكن هناك حشرات على الإطلاق ؟ 7. حدد الطرق التي يمكن بها تنظيم مدرسة . 8. أكتب مقالات صحفية حول قضية محددة مثل : الحياة في المدن الكبرى . 9. اقترح خطة لإنشاء بنوك إسلامية لا تتعامل بالربا، وذلك بعد الرجوع إلى القرآن الكريم والسنة النبوية الشريفة. 10. ضع خطة مكتوبة لتحسين اقتصاد بلادك وذلك بعد الاطلاع على مختلف نواحي هذا الاقتصاد.

المهارة	التبسيط والتوضيح
تعريف	القدرة على التعامل مع الكم الهائل من المعلومات، وتنظيمها بالشكل الذي يجعل فهمها واستيعابها أكثر سهولة.
مثال	<u>التبسيط:</u> خالد لديه ستة أطفال هم أحمد وعلي ومحمد وفاطمة وعائشة ورقية وفي أثناء ذهابهم في رحلة سياحية أراد والدهم أن يحدد أماكن نوم كل واحد منهم في الشقة،فقال لهم:"أحمد وعلي ومحمد ينامون في هذه الغرفة،وفاطمة وعائشة ورقية ينمن في الغرفة الأخرى. لقد كان بإمكانه أن يقول وبكل سهولة :"الذكور ينامون في هذه الغرفة والإناث ينمن في الغرفة الأخرى". <u>التوضيح:</u> يرغب أحمد في تعليم زميله على الآلة الجديدة،فيقول له:"بإمكانك تحريكها كيفما تشاء" ولكن حتى يتضح الأمر بشكل أفضل،فيمكن لأحمد أن يقول لزميله:"بإمكانك أن ترفعها إلى الأعلى أو تنزلها إلى الأسفل أو تقلبها...الخ."
أنشطة	1.قم بتبسيط كل جملة من الجمل التالية في كلمة واحدة: ▪ إنه يحب أن يقوم موظفوه بإنجاز أعمالهم،ولكنه لا يقدرهم. ▪ إنه يرفض الأفكار جميعها والاقتراحات الجديدة. ▪ إنه لا يهتم بشؤون أسرته، ويتأخر دائما حتى منتصف الليل. ▪ إنها تحب تنظيف المطبخ،والاهتمام بالحديقة،وترتيب غرف النوم باستمرار. 2."يمنع أي طالب من مغادرة المدرسة خلال فترة الدوام المدرسي"قم بتوضيح هذه العبارة. 3.هناك مجموعة من القوانين التي تنظّم العمل في إحدى الشركات،وهذه القوانين هي:"لا يسمح لأي شخص بالخروج في أثناء الدوام-لا يسمح بالتدخين في أثناء العمل-لا يسمح للموظف أن يتغيب عن عمله دون إذن رسمي-لا يسمح للموظف بقراءة الجريدة في أثناء العمل"

قم بتبسيط هذه القوانين.

4.تشاهد مع زميلك إحدى مباريات كرة القدم،وتلاحظان أن أحد اللاعبين أصبح حارسا للمرمى،ويسألك زميلك كيف حدث ذلك؟

قم بتوضيح الأمر له.

5.بسّط الموضوع التالي:"لقد حضر من مدينة أخرى،وكان يبحث عن منزل طوال الوقت، فوجد صعوبة في العثور على منزل مناسب،فاستعان بأحد زملائه حيث سمح له باستخدام منزله في أثناء غيابه في الخارج،وبعد فترة عاد زميله فوجده في منزله،فقام بالعثور له على شقة مناسبة ولكنه رفض الانتقال إليها.

6.عاش سكان جزيرة العرب قروناً طويلة يحترفون التجارة ويعتمدون عليها كلياً في كسب معاشهم،فكانت قوافلهم تجوب الصحارى والقفار،حاملة مختلف السلع والمتاجر ينقلونها من الأقطار المنتجة لها والفائضة عن حاجتها إلى الأقطار المفتقرة إليها،وصاروا بحكم مهاراتهم ومغامراتهم أكبر وسطاء للتجارة في العالم القديم،ويدل على ذلك ما كان يتمتع به القرشيون أهل مكة من الثراء ورغد العيش والسيادة بسبب نشاطهم التجاري في الداخل والخارج.

بسّط الموضوع.

المهارة	القيم
تعريف	أفكار حول ما هو مرغوب فيه أو غير مرغوب فبه بالنسبة للأمور، ويشترك فيه أعضاء جماعة أو ثقافة معينة
مثال	<u>القيم المرتفعة:</u> • بعضهم يعطي قيمة مرتفعة للمال. • بعضهم يعطي قيمة مرتفعة للصدق. • بعضهم يعطي قيمة مرتفعة للعب. <u>القيم المنخفضة:</u> • بعضهم يعطي قيمة منخفضة للمال. • بعضهم يعطي قيمة منخفضة للصدق. • بعضهم يعطي قيمة منخفضة للعب. ▪ بعض الناس يلقي بالعلب الفارغة في الشوارع لأنه يعطي قيمة عالية للراحة وقيمة منخفضة للحفاظ على نظافة البيئة. ▪ بعض الناس يرفع صوت المذياع عاليا لأنه يعطي قيمة عالية لمتعته الخاصة،وقيمة منخفضة لمتعة الآخرين.
أنشطة	1.هل ستكون فكرة جيدة إذا كان كل شخص لديه ساق(يد) ثالثة تأتي من متوسط الصدر؟ 2.بعض الناس يشعرون بأن الأطفال أصبحوا لا يكتبون ولا يقرءون بشكل جيد لأنهم يقضون وقتا طويلا في مشاهدة التلفاز، وقد أدى ذلك بالقائمين على البرامج التلفزيونية البدء بالتفكير في إعداد برامج خاصة تشجع الأطفال على القراءة والكتابة. ما رأيك بهذه الفكرة؟. قيم هذه الفكرة 3.لو كنت مديرا لمدرسة،ما الأشياء التي تعطيها قيمة عالية،وما الأشياء التي تعطيها قيمة منخفضة؟

4.ما الأشياء التي يعطيها التاجر قيمة عالية،وما الأشياء التي يعطيها قيمة منخفضة؟

5.معظم الناس يقيّمون الأشياء التالية بدرجة مرتفعة.رتب هذه الأشياء حسب قيمتها بالنسبة لك مبتدئا بالقيمة الأعلى فالأقل(الصحة-ما يظنه الناس بك-التحرر من الخوف-تجنب الملل-الأمان-التحرر من الجوع-الذكاء)

6.يدرس محمد بجدية واجتهاد على العكس من أحمد،وذلك لأن لكليهما قيماً مختلفة.انظر في القائمة التالية،واختر القيم المرتفعة والمنخفضة لمحمد،ثم لأحمد(الرغبة في المعرفة،العمل الجاد،جمع المال،إرضاء الأهل،لعب ما يمكن من الألعاب،صحبة الأصدقاء،المواضيع المدرسية،الصحة الجيدة،رأي المعلم،الذهاب للجامعة،أن يعده الناس ذكيا).

7.ما الأشياء التي يعطيها رجل الشرطة قيمة مرتفعة،وما الأشياء التي يعطيها اللص قيمة مرتفعة؟

8.ما الأشياء التي تعطيها أنت قيمة مرتفعة،وما الأشياء التي تعطيها قيمة منخفضة؟ولماذا؟

9.تشير معظم الدراسات أن 80% من المتسوقين يتخذون قرارهم بشراء سلعة ما وذلك أثناء تواجدهم داخل المحل التجاري، ولا يكون لديهم أى تخطيط مسبق للشراء.أي أن قرارهم يكون ناتجا عن نزواتهم وعواطفهم.قيّم هذه العادة المنتشرة بين المتسوقين.

المهارة	التوسّع
تعريف	التحدث عن المسألة بأكبر قدر ممكن من الأفكار والبحث عن التفاصيل الكاملة.
مثال	يخطط رجلان لرحلة بحرية. ينظران للخريطة ويشاهدان نهرا فيخططان للإبحار فيه. عندما يأتي الصيف يحملان قاربهما على ناقلة ويذهبان إلى النهر، وعندما يصلان يكتشفان أن النهر يجف طوال أيام الصيف، وتفشل رحلتهما. الرجلان لم يكلفا نفسيهما معرفة مزيد من التفاصيل عن النهر. ولم يحاولا توسعة تفكيرهما في تلك المسألة.
أنشطة	1."السجائر تضر بالصحة وينبغي منعها" توسع في هذه العبارة. 2.امرأة تكون على رأس عملها في أحد البنوك أثناء تعرضه للسرقة، وتطلب الشرطة منها الإدلاء بأقوالها فتقول: "لقد دخلوا وصوبوا مسدساتهم نحونا وطلبوا منا أن نعطيهم النقود، وبعد ذلك خرجوا" . إن كنت رجل شرطة،فما هي الأسئلة التي ستطرحها لتجعل المرأة تتوسع في إدلاء أقوالها؟ 3."كان ثمة ستة رسائل ملقاة فوق إحدى الصواني في الردهة". وقد لفت انتباهه إحدى الرسائل.وبعد تناوله الفطور المكون من عصير البرتقال،والبيض نصف المسلوق وقطعتين من الخبز المحمص مع المربى وفنجان القهوة قام بقراءة الرسالة.وبعد إنهاء طعام الفطور قام بارتداء سترته وتحسس جيبه اليمنى للتأكد من وجود مفاتيح سيارته،وخرج مغلقا الباب ذا اللون الأصفر خلفه.وركب سيارته وحاول تشغيل المحرك،واشتغل في المحاولة الثالثة .وقاد سيارته إلى المدينة وتوجه مباشرة إلى المتجر حيث لم يكن الموجودون سعداء لرؤيته.وكان سعيدا وتذكر شراء بعض الطعام لقطته ذات الست سنوات والتي يسميها "راستي".وركب سيارته وعاد إلى منزله". هل تم التوسع في النقاط المختلفة السابقة الذكر بما فيه الكفاية؟ أن كنت بصدد نقد هذه القطعة فأى النقاط ستطلب التوسع فيها بشكل اكبر؟ 4.تم تصميم دراجة هوائية جديدة والتسويق لها يعرض النقاط التالية: -لها عجل واحد بدل من اثنين. -مصنوعة بشكل رئيسي من مادة البلاستيك بدلا من المعدن.

-تستطيع حملها إلى منزلك أو مكتبك. -عندما يشاهدها جيرانك سيشعرون بالغيرة. -تستطيع اعتبارها تقريبا كزوجين من الأحذية الخاصة. أى النقاط تعد توسعة في العمق أو العرض أو البدائل؟ 5. غالبا ما يتم انتخاب الساسة بالتصويت،كما أن اتخاذ القرارات في اجتماع ما قد يتم بالتصويت. توسع في الحديث عن موضوع التصويت . 6.الهدف العام للتفكير هو"الأحذية" توسع في هذا الهدف. 7.أنت أحد صانعي المجوهرات. تأتي لك إحدى المخترعات وتقول أنها ابتكرت عقدا جديدا رائعا، غير أنها لا تريك إياه. ما هي الأسئلة التي ستطرحها عليها؟ كيف تريد من المخترعة أن تتوسع في حديثها؟	

المهارة	الاختصار
تعريف	المهارة التي يعمل من خلالها الفرد على تبسيط وتقصير الأشياء والأحداث.
مثال	وجد أن قبيلة بدائية تستخدم دواءا جيدا جدا لعلاج صداع الرأس والدواء مصنوع من 46 عشبة مختلفة ينبغي جمع كل منها في ظروف خاصة. قام أحد العلماء بتحليل الخليط لرؤية ما إذا كانت تحتوي على أي من المواد المعروفة مثل مادة الأسبرين. وقام عالم آخر باختبار نصف تلك الأعشاب لتحديد أي نصف يشتمل على العشبة الفعالة. ويواصل العالم العمل على ذلك حتى وجد أهم تلك الأعشاب. إن كلا العالمين يحاولان إزالة التعقيد لإيجاد ما هو مهم حقا.
أنشطة	1.أحيانا نلتقي بشخص نعرفه جيدا، ولكن حين نعرّف ذلك الشخص لآخرين لا نستطيع تذكّر اسمه. لقد مر معظم الناس بتجربة أن يكون شيء ما على طرف لسانهم، ولا يستطيعون تذكره. وعندما يتذكرونه لا يستطيعون فهم كيف يحدث أن فاتهم ذلك.وإذا حدث وكنت تخلط بين اسمين لشخصين تعرفهما فإنك رغم إدراكك لذلك تستمر في هذا الخلط. وأحيانا تسعى للبحث عن إعلان لاحظته في إحدى الصحف وقد تعرف أنك شاهدته، غير أنك لا تتذكر بالضبط أين. وقد يقوم أحدهم بإلقاء نكته أنت متأكد من معرفتها لكنك لا تستطيع تذكر تفاصيلها. الوظيفة المقررة هي أن تختصر في جملة واحدة فقط كل تلك الفقرة. 2.أكتب أو تحدث عن الموضوع التالي، وبعد ذلك توصل إلى خلاصة محددة:"هل ينبغي أن يتشابه الرجال والنساء قدر الإمكان، وأن يرتدوا الثياب نفسها، ويعملوا الوظائف نفسها مقابل الأجر نفسه ويقوموا بالأعمال المنزلية؟ 3.إن الأشخاص الذين يقررون أي البرامج التلفزيونية التي ينبغي عرضها، يجدون أن لديهم النقاط التالية التي ينبغي التفكير بها: يظهر البحث أن معظم الناس يشاهدون البرامج الكوميدية الخفيفة. تشتكي الأمهات من عدم كفاية برامج الأطفال. ليس ثمة من يمتدح الأخبار، غير أنه ليس ثمة من يشتكي منها. أظهرت المقارنات أن البرامج متشابهة في معظم البلدان هل تستطيع جمع كل هذه المعلومات معا والتوصل إلى اختصار محدد؟ 4.سيأتي اليوم الذي يصبح فيه العمل في الزراعة والصناعة معتمدا بشكل كامل على الآلات وكذلك الأطعمة التي قد تكون مطبوخة جاهزة. ضع أربع عواقب لذلك، ورتبها وفق أهميتها من الأهم فالمهم.

المهارة	إعادة التصميم
تعريف	عملية التعديل والتطوير على الأفكار والأشياء وذلك حتى تصبح أكثر فائدة وأسهل من حيث الاستخدام، وأقل كلفة.
مثال	فيوزات الكهرباء: 1-من الملاحظ أن فيوزات الكهرباء تصمم أو توضع منخفضة في معظم جدران الغرف والتي تسبب خطورة للأطفال حيث يقوم الطفل بإدخال مسمار أو سلك بداخلها، فلو صممت مرتفعة لأدت إلى مزيد من السلامة للأطفال. 2-لها أشكال وأنواع مختلفة مما يضطر الفرد إلى شراء مزيد من القطع لتلائم أجهزته الكهربائية المختلفة، ويمكن إعادة تصميمها لتصبح بحجم ونوع واحد يستخدم في كل العالم؟ 3-كثيرا ما توضع الفيوزات في أماكن غير مناسبة ولذلك تصبح خلف الأثاث والخزائن ويصعب استخدامها بسهولة. وفي هذه الحالة يمكن تصميم فيوزات متنقلة"غير ثابتة".
أنشطة	1.المطلوب منك أن تضع قائمة بالأشياء التي ترغب في إعادة تصميمها لتكون أكثر فائدة وأسهل استخداما أن كان ذلك داخل البيت أو في المجتمع المحلي الذي تعيش فيه. 1-صنابير(حنفيات) المياه في البيت 2-حجم ومكان ساعة الكهرباء 3-حجم وموقع ساعة الكهرباء 4-حجم وموقع وشكل شبابيك البيوت 5-لمبات الإنارة في البيت 6-ازدحام الناس لشراء الحاجيات 7-ازدحام الناس على سيارات النقل العام 8-القمامة المنتشرة في الشوارع اذكر جوانب أخرى ترى أهمية لتعديلها أو إعادة تصميمها، ثم صف المشكلة الحالية لكل شيء تذكره وكذلك صف التصميم الجديد الذي يؤدي إلى الحل المناسب. 2.حاول تصميم قطعة أثاث جديدة وغير موجودة حتى الآن في عالم الأثاث، وتعتقد أنها ستكون مريحة جدا ومفيدة.

المهارة	التتابع
تعريف	عملية وضع الأشياء أو العمليات في ترتيب منطقي . وتفيد هذه المهارة الطلبة في تنظيم أفكارهم أو ما يقومون به من إجراءات وعمليات عقلية . وتعد مهارة التتابع ذات أهمية بمكان في بناء وتصميم خطط العمل التنفيذية.
مثال	○ استعرض بترتيب خطوات خبز الكعك . ○ اقرأ بصوت مسموع قائمة الخطوات كي تحدد الغرض . ○ حدد الخطوة الأولى والخطوة الأخيرة . علل لماذا . ○ رتب الخطوات المتبقية ما بين الخطوتين الأولى والثانية . ○ تأكد أنك لم تغفل أياً من الخطوات . اقرأ الخطوات مرة أخرى وتأكد من سهولة فهمها من الغير .
أنشطة	1. رتب أحداث قصة مصورة . 2. رتب بعض الأشياء ترتيباً تصاعدياً من حيث الحجم ابتداءً من الأصغر إلى الأكبر، أو ترتيباً تنازلياً من الأسرع إلى الأبطأ . 3. فكر بكيفية يمكن بناء أو عمل أو صناعة . . . . (شيء ما) ؟ 4. مثال : كيف يمكن تحضير وجبة حساء الخضراوات ؟ 5. أكتب تعليمات في خطوات عن كيفية أداء مهمة مدرسية . 6. رتب أجزاء قصة ما وفق نظام متسلسل . 7. رتب الأرقام (من الأصغر إلى الأكبر ، أو العكس) . 8. رتب فئات نقدية بناء على قيمتها الشرائية . 9. رتب مجموعة حيوانات ، أو نباتات ، أو كواكب تبعاً لحجمها . 10. رتب في خطوات طريقة إنشاء حديقة منزلية متكاملة . 11. رتب تواريخ الأحداث من الأقدم إلى الأقرب عهداً . 12. استخدم سير الزمن لترتيب تعاقب حدث ما .

المهارة	مراعاة وجهات نظر الآخرين
تعريف	أغلب الناس ينظرون فقط إلى وجهات نظرهم في أثناء المناقشة. فهم لا يريدون أن يسمعوا لماذا يؤمن الآخرون بوجهات نظر أخرى. أما المفكر تفكيراً ناقداً فهو أكثر تسامحاً وأكثر استعداداً للاستماع إلى وجهات نظر الآخرين. فالمشاجرات، بل حتى الحروب تبدأ بسبب أن الناس لا يريدون الاستماع إلى بعضهم. فلو أنهم فعلوا، فلربما سمعوا بعض الحقائق الجديدة، ولربما فهموا مشاعر الآخرين
مثال	يعتقد بعض الناس أنه ينبغي على المزارعين ألا يرشوا مبيدات حشرية على محاصيلهم. بينما يعتقد المزارعون أنه ينبغي عليهم رشها. اكتب سببين مؤيدين لضرورة عدم رش المزارعين محاصيلهم وسببين مؤيدين لضرورة رشهم لها. دواعي عدم رش المزارعين لمحاصيلهم: أ) .... ب) .... أسباب ضرورة رش المزارعين لمحاصيلهم: أ) .... ب) ....
أنشطة	2. يعتقد بعض الناس أن بعض السلطات تخطئ بسماحها بقتل "الضبان". ويعتقد الناس الذين يقتلون الضبان بأنه ينبغي أن يسمح لهم بذلك. اكتب سببين لضرورة عدم قتل الضبان وسببين لدعم اعتقاد بعض الناس في أنه يسمح لهم بقتل الضبان.

دواعي عدم قتل الضبان:

أ) ....

....

ب) ....

....

دواعي السماح بقتل الضبان:

أ) ....

....

ب) ....

....

المهارة	النتائج الإبداعية
تعريف	التمرين القائم على "لو ... فلن ..." سيوفر لك الفرصة لتحلم قليلاً. أشخاص آخرون سيحلمون بنتائج مختلفة عن نتائجك. مثل كل الاختبارات الإبداعية، لا توجد إجابة صحيحة واحدة. أكمل ما يلي بوضع كلمات في الفراغات التالية: ا. لو انقرضت العصافير من العالم فلن .... وسيعني هذا ....
مثال	لو فقدت الأرض قمرها فلن .... وسيعني هذا ....
أنشطة	لو نفد النفط من الأرض فلن .... وسيعني هذا .... لو انقرضت الحيتان من البحار فلن .... وسيعني هذا ....

المهارة	التفكير الإبداعي العكسي	
تعريف	يحاول المفكرون المبدعون عادة التفكير في فكرة مضادة لما يحاوله أغلب الناس. فهم يحاولون التفكير العكسي. إن فعلت هذا فإنك ستفكك تلك الأفكار المخزنة والمثبتة في عقلك.	
مثال	1. سجل ثلاثة أشياء لا تستطيع التقاطها بآلة التصوير "الكاميرا" أ) .... ب) .... ج)	
أنشطة	هات ثلاثة أسباب تفسر بها فعل شخص رأيته يقرأ صحيفة مقلوبة. أ) .... ب) .... ج) .... 3. سجل ثلاثة أشياء لا تجدها في اليمن. أ) .... ب) .... ج)	

المهارة	التصنيف
تعريف	القدرة على تجميع الأشياء أو الوحدات في مجموعات وفقا للتشابه والاختلاف فيما بينها، بحيث تتضمن كل مجموعة وحدات ذات خواص أو صفات مشتركة.
مثال	☐ استخدم علبة تحتوي مجموعة كبيرة من الأزرار . تكلم بصوت مسموع وأنت تقوم بفحص الأزرار حسب صفات كل واحد منها . وزع الأزرار إلى مجموعات بناء على معايير محددة تختارها . وضع اسماً لكل مجموعة . أعد حفظ الأزرار في علب مختلفة وفق المجموعات التي قسمت إليها . أوجد المبرر المناسب لكل عنصر في المجموعة التي وضع فيها . ☐ يعطى الطفل قطع نقود معدنية مختلفة ويطلب منه أن يضع قطع النقود المتشابهة فوق بعض ليكون عمودا منها مثل قطع الـ5 فلسات، والعشر فلسات والخمسين فلسا والمائة فلس. ☐ يعطى الطفل مجموعة من الخضار والفواكه ويطلب منه تصنيفها:(حسب اللون- حسب النوع)
أنشطة	1-قدم تشكيلة من الصخور إلى الطلبة واطلب تصنيفها . 2-احضر كيساً يحتوي على أشياء مختلفة (أقلام/ قبعات/ بالونات .) واطلب منهم أن يصنفوها . 3-صنف مجموعة من صور لحيوانات مختلفة . 4-صنف شخصيات قصة من قصص الخيال أو الأساطير . 5-صنف الشعراء الذين قرأت أشعارهم . 6-صنف الأرقام من 0 ـ 9 . 7-صنف عدداً من الأشكال الهندسية . 8-صنف الحيوانات بناء على نوع الطعام الذي تأكله . 9-كون قائمة من الأشياء مقسمة إلى أشياء حية وأشياء غير حية . 10-صنف قائمة تحوي وسائل للمواصلات . 11-صنف مجموعة من الوظائف المختلفة في الدولة .

12-اختر أحد النصوص الموجودة في مادة اللغة العربية، ثم استخرج من النص الأخطاء الإملائية والأخطاء النحوية وأخطاء علامات الترقيم.	

<table>
<tr><th>المهارة</th><th>التفسير</th></tr>
<tr><td>تعريف</td><td>تناول الظواهر والمشكلات تناولا عقليا يرمي إلى اكتشاف أو تصور العلاقات القائمة بينها وبين غيرها من المتغيرات، والحكم على الشواهد والأدلة والتمييز بين التعميمات التي تبررها الأدلة والتي لا تبررها.</td></tr>
<tr><td>مثال</td><td>يبين الرسم البياني تدرج ازدياد وزن طفلين في أثناء السنة الأولى من عمرهما:

يخبرك الرسم البياني لوزن الطفلين حسب العمر خلال السنة الأولى أشياء كثيرة. لنأخذ الخط البياني للطفل الأول وهو الخط المتصل .يمكننا التوصل إلى المعلومات التالية من خلال الرسم:
1-لقد كان وزن الطفل الأول 3.5 كغم عند الولادة(النقطة أ)
2-بعد أسبوعين نقص وزنه إلى 3 كغم(النقطة ب)
3-وقد استعاد الطفل وزنه السابق بعد شهرين من الولادة(النقطة ج)
4-بلغ وزنه 9 كغم عندما أصبح عمره عاما كاملا(النقطة د)
5-كان نموه سريعا بين الشهرين الثاني والسادس(بين النقطتين ج،هـ)
أن الأشكال والخرائط والرسومات تخبرك الكثير من المعلومات ولكن ينبغي أن تتعلم كيف تقرأ وكيف تستخلص منها المعلومات. أن هذه العملية تسمى التفسير</td></tr>
<tr><td>أنشطة</td><td>1-فسر ظاهرة ولادة النجوم وموتها
2-فسر ظاهرة تشكل الأجسام المضادة في جسم الإنسان
3-فسر ظاهرة العنف عند بعض الجماعات
4-دخلت إلى منزلك ووجدت تجمعا كبيرا من المياه بالقرب من ثلاجتك. ماذا ستكون التفسيرات المحتملة؟.
5-فسّر لماذا لا يستخدم الماء بديلا للزئبق في البارومتر
6-فسّر لماذا يرتفع البالون إلى مستوى معين في الجو ثم يتوقف عن الارتفاع.</td></tr>
</table>

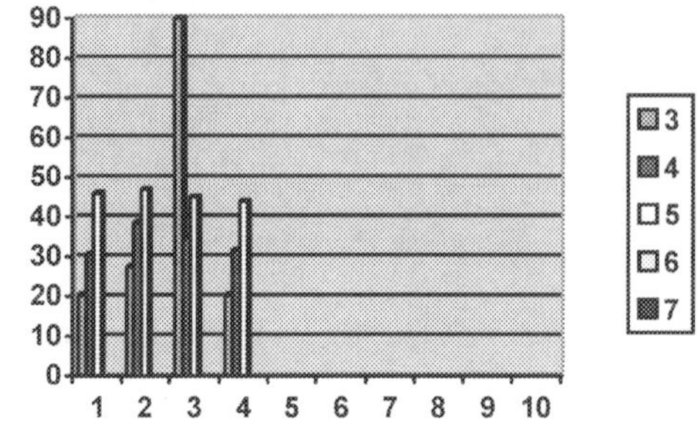

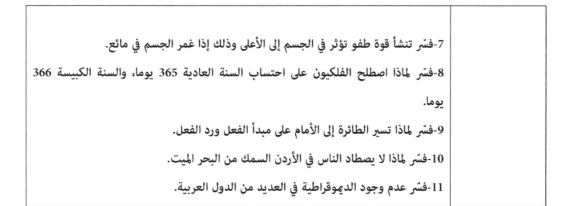

7-فسّر تنشأ قوة طفو تؤثر في الجسم إلى الأعلى وذلك إذا غمر الجسم في مائع.

8-فسّر لماذا اصطلح الفلكيون على احتساب السنة العادية 365 يوما، والسنة الكبيسة 366 يوما.

9-فسّر لماذا تسير الطائرة إلى الأمام على مبدأ الفعل ورد الفعل.

10-فسّر لماذا لا يصطاد الناس في الأردن السمك من البحر الميت.

11-فسّر عدم وجود الديموقراطية في العديد من الدول العربية.

المهارة	الطلاقة
تعريف	القدرة على توليد عدد كبير من البدائل أو المترادفات أو الأفكار أو المشكلات أو الاستعمالات عند الاستجابة لمثير معين، والسرعة والسهولة في توليدها وهي في جوهرها عملية تذكّر واستدعاء اختيارية لمعلومات أو خبرات أو مفاهيم سبق تعلمها.
مثال	اذكر أكبر عدد ممكن من الأشياء ذات الشكل الدائري؟ ■ الصحن ■ الساعة ■ إطار السيارة ■ مقود السيارة ■ سلة المهملات ■ حبة الدواء ■ الرقم خمسة بالعربي ■ الرقم صفر بالإنجليزي ■ الاسطوانات ■ الكأس ■ الدائرة
أنشطة	1. اذكر كل الطرق الممكنة لصرف دخلك الشهري . 2. اذكر كل ما يمكن صنعه باستخدام مفتاح السيارة . 3. اذكر أكبر عدد ممكن من الأشياء ذات اللون الأزرق . 4. اذكر أكبر عدد ممكن من الأشياء التي توجد في الطبيعة على شكل ثلاثي . 5. اذكر أكبر عدد ممكن من الأشياء التي تسقط . 6. اذكر جميع الأسباب الممكنة لعدم تنظيف غرفتك . 7. اذكر جميع الأشياء التي يمكن أن تستخدم فيها الجريدة اليومية . 8. اذكر أكبر عدد ممكن من الكلمات أو الجمل التي يمكن أن تكون وصفاً ليوم ممطر . 9. اذكر أكبر عدد ممكن من الأشياء التي تبدأ بحرف السين .

10. اذكر أكبر عدد ممكن من الطرق المختلفة لقياس الوقت .	
11. اذكر أكبر عدد ممكن من الأشياء ذات الشكل الدائري .	
12. اذكر أكبر عدد ممكن من الأشياء التي طعمها حلو .	
13. اذكر أكبر عدد ممكن من الكلمات التي لها علاقة بالفضاء .	
14. اكتب أكبر عدد ممكن من الكلمات التي يمكن أن تصف المدرسة .	
15. اكتب أكبر عدد ممكن من الأمور التي يمكن لأسرتك القيام بها في عطلة نهاية الأسبوع .	
16. ما الأمور التي يمكن القيام بها لإرضاء الزوج في حالة غضبه من الزوجة؟	
17. ما الطرق التي يمكن استخدامها لإقناع الأطفال تناول الدواء ؟	
18. ما الطرق التي يمكن استخدامها كي يرغب الطفل في تناول الطعام؟	
19. ما الطرق التي يمكن استخدامها من أجل جذب الأطفال للدراسة ؟	
20. اكتب أكبر عدد ممكن من الكلمات التي تبدأ بحرف "م" وتنتهي بحرف"م".	
21. اكتب أكبر عدد ممكن من الكلمات التي تضم الأحرف الثلاث التالية:"ك،أ،ن"	
22. هات أكبر عدد ممكن من الكلمات المكونة من أربعة أحرف وتبدأ بحرف"ج"	
23. اذكر جميع الاستخدامات الممكنة لـ"علبة البيبسي الفارغة".	
24. اذكر كل النتائج المترتبة على زيادة عدد سكان الأردن بمقدار الضعفين.	
25. أعط أكبر عدد ممكن من العناوين المناسبة لموضوع القصة....	
26. اكتب أكبر عدد ممكن من النتائج المترتبة على مضاعفة طول اليوم ليصبح 48 ساعة.	

المهارة	التمييز بين المعلومات ذات الصلة وغير ذات الصلة
تعريف	يعتبر للشيء صلة إذا كانت له أهمية في مساعدتك على تحقيق هدف أو الوصول إلى استنتاج.
مثال	إذا كان هدفك اختيار دراجة جديدة، ما هي العوامل ذات الصلة التي تساعدك على اختيارك؟ هل للسعر صلة باختيارك؟ نعم. ماذا عن وقت الشراء في ذلك اليوم؟ لا. كلما زدت من العوامل المتعلقة بالموضوع، زادت الدقة في قرارك. أولاً يجب أن يكون الموضوع واضحاً، ثم يجب عليك تحديد ما هو المهم ولماذا؟
أنشطة	1. قدمت طلباً للحصول على عمل بعد المدرسة لتوزيع الصحف اليومية، وطلب منك المدير كتابة بعض القدرات والمؤهلات المتعلقة بك بما يساعدك على الحصول على العمل. أي ثلاثة عوامل مما يلي أكثر اتصالاً بالعمل الذي تقدمت له؟ أ. أنا أكثر استخداماً ليدي اليسرى. ب. أنا جيد في المواد العلمية. ج. أتمتع بصحة جيدة. د. عمري 12 سنة. هـ أنا أحد لاعبي كرة السلة بمدرستنا. و. أسكن في الحي نفسه. ز. أملك دراجة جديدة. 2. تريد أن تشتري إفطاراً صحياً من مجموعة الرقائق الهشة:كورن فليكس" . أي ثلاث مواصفات مما يلي تعتقد أنها تساعدك على الاختيار؟ أ. العلبة مصنوعة من ورق معاد تصنيعه. ب. "الرجل الحديدي" يأكل من هذا النوع. ج. غنية بالألياف. د. الشركة المصنعة هي راعية الألعاب الاولمبية.

هـ طعمها جيد.

و. لا تحتوي على مواد حافظة.

ز. متوافرة في علب صغيرة.

3. تخيل أنك ستصرف مبلغاً ضخماً لشراء أرض زراعية. ما هي الخصائص الخمس المهمة التي ستفكر فيها قبل الشراء؟

أ) ....

....

ب) ....

....

ج) ....

....

د) ....

....

هـ) ....

....

4. أنت مطالب بتصميم لعبة جديدة تناسب الأطفال من سن 3 إلى 5 سنوات ليلعبوا بها. أذكر أربع مواصفات مهمة ينبغي أن تتصف بها هذه اللعبة؟ واذكر السبب وراء كل اختيار.

الصفة:

أ)..	
السبب:	
....	
....	
الصفة	
ب)..	
السبب:	
....	
....	
الصفة	
ج)..	
السبب:	
....	
....	
الصفة	
د)..	
السبب:	
....	
....	

المهارة	القراءة الناقدة
تعريف	المفكر الناقد الجيد هو الذي يفكر في تبعات عمل ما، وفرضيات ذلك العمل، والفكرة الأساسية لقضية ما، وأي تحيز أو إجحاف في المعلومات، والأدلة والأمثلة المتوافرة، وارتباط العوامل والعبارات، ومصداقية مصادر المعلومات.
مثال	تذكر كل ذلك دائماً عند الحكم على أي مقال أو عند التحاور مع الآخرين في أي قضية. واجه الآخرين بعبارة "أعطني مثالاً لـ ...." أو "ما هو دليلك على تلك العبارة؟" .
أنشطة	كتب معلم هذه الرسالة إلى محرر صحيفة قاصداً التأثير على الرأي العام. ومع ذلك، فمن الممكن نقدها من وجوه مختلفة. ضع خطاً تحت الكلمات التي تعتقد إمكانية نقدها بطريقة أو بأخرى. افترض أنك تحب التوقيت الصيفي وأن عليك أن تحاور أو تجادل هذا المعلم في ذلك. ما هي تساؤلاتك التي تبين بها نقاط الضعف في هذه الرسالة؟ "عندما أوشك التوقيت الصيفي على الإنتهاء مرةً أخرى في الأسابيع القليلة الماضية، كدنا نسمع التنهد الدال على الارتياح عند الأغلبية الساحقة من المعلمين وأولياء الأمور والطلاب. نعم أعرف أنه من سنوات أعجبت الأغلبية بهذا التدخل الذي يدعو للسخرية في أسلوبنا في ضبط الوقت. الآن قد تعلمنا من التجارب المريرة المشاكل العديدة التي أوجدها هذا التوقيت. وأعترف بأنه ما زال هناك عدد ضئيل من الذين يودون الاستمرار مع هذا التفكير البائد. ولكن ماذا عن باقي المعلمين وأولياء الأمور والطلاب؟ من المفترض أن يكون هذا من الشورى التي تعني أن ما يتمناه الأغلبية ينبغي أن يكون هدفاً سامياً. أنا متأكد بأن المعلمين لا يفضلون ذلك وأن أمهات التلاميذ يكرهنه". الأسئلة: ....

المهارة	صنع القرارات
تعريف	صناعة القرار تأتي من استخدام المعايير ذات الصلة لاختيار الأنسب من بين الخيارات المتوافرة
مثال	أولاً: يجب أن يكون الأمر الذي ستتخذ القرار بشأنه واضحاً في ذهنك. ثانياً: يجب أن تحدد الخيارات. ثم بعد فحص مزايا ومساوئ كل خيار، حدد بعض المعايير ذات الصلة للاختيار من بينها. أخيراً: تفحص درجة كل خيار مقابل المعيار. التمارين التالية ستجعلك تفكر في هذه الخطوات.
أنشطة	. ما الأمر الذي يلزمنا اتخاذ القرار بشأنه في كل موقف من المواقف التالية؟ أ. تحتوي علب مواد الرش المضغوطة (كالمعطرات والمبيدات) على غاز يدمر طبقة الأوزون التي تحمينا من بعض إشعاعات الشمس الضارة التي تسبب السرطان لا قدر الـلـه. يجب أن نقرر: .... ب. إمدادات العالم من النفط تتناقص بشكل سريع. يجب أن نقرر: .... 2. اكتب ثلاثة خيارات أو أكثر نستطيع أن نختار من بينها لاتخاذ قرار في كيفية حل كل من المشكلات التالية. الخيار الأول في كل سؤال متوافر أمامك لمساعدتك.

أ. أصبح من الصعب جداً التخلص من النفايات التي يخرجها الناس من منازلهم كل أسبوع.

حدد حجم الصناديق المسموح بها.

....

....

....

....

....

....

....

ب. يتزايد اقتحام اللصوص للكثير من البيوت في الضاحية التي تسكنها.

اجعل أنظمة الإنذار المنزلية إلزامية.

....

....

....

....

....

....

3. من الممكن توليد الكهرباء باستخدام الطاقة النفطية، أو الطاقة الشمسية، أو الطاقة النووية. اكتب إحدى ميزات كل من هذه الوسائل وأحد عيوبها.

أ. النفط

الميزة:

....

....

العيب:

....

....

ب. الطاقة الشمسية

الميزة:

....

....

العيب:

....

....

ج. الطاقة النووية

الميزة:

....

....

العيب:

....

....

4. لو تحطمت سفينتك على شاطئ جزيرة، اكتب خمسة من الأمور التي ستضعها في الحسبان عند اختيار المكان الذي ستخيم فيه منتظراً سفينة تنقذك؟

أ) ....

....

ب) ....

....

ج) ....

....

د) ....

....

هـ) ....

....

5. تخيل أنك مكلف باختيار مكان من عدة أماكن لبناء مطار جديد عليه. ما هي العوامل التي ستضعها في الحسبان بشأن المواقع عند اتخاذ قرار الاختيار؟

....

....

....

....

المهارة	تحديد المسببات والنتائج
تعريف	يحاول المفكرون تفكيراً ناقداً أن يفسروا المعلومات. كثير من الناس لا يمكنهم التعرف على الأثر أو النتيجة، والأسباب التي أحدثت هذا الأثر. هل تستطيع ذلك؟
مثال	في القصة التالية تسبب حدث واحد في حدوث واحد من الأحداث الأخرى. ضع خطا تحت السبب ودائرة حول الأثر (النتيجة) فيما يلي: أ. ذهب ولد إلى البحيرة لصيد السمك. ب. ذهب مع صديق له. ج. لأكل من بعض ثمار التوت الخضراء. د. لم يصطد أي سمكة. هـ. عاد إلى البيت متأخراً. و. في اليوم التالي مرض مرضاً شديداً.
أنشطة	ضع خطاً تحت السبب ودائرة حول الأثر فيما يلي: أ. جاء الثعلب من خلف التل. ب. انطلق الأرنب إلى جحره. د. استمر الأرنب الخائف في الأكل بسرعة قبل أن يعود إلى جحره. 3. اكتب السبب أو النتيجة المفقودة في الجدول التالي:

السبب	النتيجة
	تنضج الثمار على الأشجار
تتوقف سوائل الغذاء عن التدفق لفروع الأشجار.	
وجود الرحيق على أزهار النباتات	

المهارة	**الحل الإبداعي للمشكلات**
تعريف	يتطلب الحل الإبداعي للمشكلات أن تأتي بإجابات غير عادية أو متوقعة. فقد تكون أول شخص يأتي بالفكرة. فكر في الأسئلة التي يطرحها المبدعون عادة على أنفسهم.
مثال	هل تستطيع ابتكار ثلاثة أفكار جيدة أو أكثر لتغيير تصميم وطريقة تغليف علبة رقائق الإفطار الهشة (كورن فليكس) لتكون أكثر جاذبية للأطفال؟ أ) .... ب) .... ج) ....
أنشطة	هل تستطيع أن تفكر في ثلاث طرق لإخراج كرة تنس طاولة من قاع أنبوب مثبت رأسياً وطوله متر واحد وأرضيته مثبتة بخرسانة أسمنتية؟ مع ملاحظة أن الأنبوب أوسع قليلاً من الكرة. وذلك دون أن تتلف الأنبوب ولا الكرة ولا الخرسانة الأسمنتية. أ) .... ب) .... ج) ....

المهارة	الربط
تعريف	هي عملية البحث عن الخصائص لفقرات أو أفكار غير مرتبطة ببعضها البعض، فالأشياء الموجودة بشكل منفصل توضع مع بعضها بعضا لإنتاج شيء له قيمة أكبر من مجموع قيمة أجزاءه.
مثال	<ul><li>الربط بين البيت والسيارة أدى إلى إنتاج البيت المتحرك.</li><li>الربط بين اللحمة والخبز أدى إلى إنتاج الهمبورغر</li><li>الربط بين الهاتف والتلفزيون أدى إلى إنتاج التلفون المرئي</li><li>الربط بين الدراجة الهوائية والوقود أدى إلى إنتاج الدراجة النارية.</li><li>أن الريح التي تهب على الأرض وتثير الغبار هي نفسها التي تستخدم في آلات تنظيف السجاد لالتقاط الغبار.</li><li>إن النار التي تذيب الزبدة(السمنة) هي نفسها التي تجمد البيضة.</li></ul>
أنشطة	1-يطلب منك صناعة آلة ترى بواسطتها ما وراءك، وينبغي أن يكون الخيال الذي تراه معتدلا. يمكنك استعمال ما يتوفر لديك من مواد. ويطلب منك تقديم تقرير مفصل عن نظرية عمل الآلة وكيفية صنعها موضحا ذلك بالرسومات والأرقام مبينا أبعاد كل قطعة منها. الأدوات المستخدمة: عدسات محدبة-عدسات مقعرة-مرايا مقعرة-مرايا مستوية-مناشير زجاج أو بلاستيك. 2-ما هي الفكرة الجديدة التي يمكن أن تحصل عليها من وضع فكرة المدرسة والفندق؟ 3-ما هي الفكرة الجديدة التي يمكن أن تحصل عليها من وضع فكرة مجفف الشعر والمكنسة الكهربائية مع بعضها؟. 4-ضع أي اثنين من الأشياء التالية مع بعضها لتحصل على شيء جديد. كم زوجا تستطيع التعامل معها بنفس الطريقة؟ سكيت تزلج-وعاء قمامة-سلم-مكنسة-خيمة-فرشاة دهان-خرطوم-حديقة. 5-كيف ترتبط الفيضانات في باكستان بولع الأمريكيين بالسيارات الكبيرة الحجم؟

المهارة	التحليل
تعريف	التحليل هو تجزئة المعلومات المركبة والمعقدة إلى أجزاء صغيرة مع تحديد مسمياتها وأصنافها وإقامة علاقات مناسبة بين الأجزاء، واتخاذ القرارات المتعلقة بعمليات أخرى.
مثال	1-فيصل مولع بصيد العصافير باستخدام قضبان الدبق من بستانهم في الصيف، وحتى يتعرف إلى أحسن الأوقات للصيد يحتفظ بدفتر ملاحظات يسجل ما يحصل عليه في كل رحلة صيد. وفيما يلي صفحة عن دفتر ملاحظاته اليومية يلخص فيها حصيلة جيدة خلال شهر حزيران.

التاريخ	عدد العصافير التي اصطادها		بعد العصر
	في الصباح	وقت الظهيرة	
2000/6/7	-	-	-
2000/6/12	-	2	1
2000/6/14	1	-	3
2000/6/20	-	1	-
2000/6/25	-	1	2
2000/6/27	1	-	3

يخبرنا الجدول الذي أعده فيصل أنه لم يصطد شيئا في رحلة الصيد الأولى بينما اصطاد 3 عصافير في رحلته الثانية وأربعة عصافير في رحلته الثالثة كان ثلاثة منها بعد الظهر وهكذا...

من قراءتك للجدول، ما هو الوقت الذي تنصح فيه فيصل بالصيد؟

لاحظ أن ما اصطاده بعد العصر كان 9 عصافير وأنه اصطاد عصافير وقت الظهيرة ولم يصطد إلا عصفورين في الصباح. بناء على هذه المعلومات فإن أفضل الأوقات لصيد العصافير هو بعد العصر وأقلها صيدا هو الصباح.

إن التحليل يعني أنك تدرس المعلومات وفي ذهنك سؤال تريد الإجابة عنه.

2-يمكن تحليل غرفة الفصل الدراسي على النحو الآتي:

-باب-أرضية-جدران-شبابيك-مقاعد-طاولة-لوح-إنارة-مدرس

-طالب -مكيف حقائب-أصوات-كتب

	3-يمكن تجزئة مشكلات مادة الرياضيات للكشف عن العناصر المهمة مثل الرموز وتعريف كل منها والحقائق والعلاقة بين هذه الرموز والحقائق. كما أن تجزئة الخارطة الجغرافية إلى مكوناتها الأساسية مثل الحدود السياسية والرموز الخاصة بالبحار والملاحة والأنهار والطرق. وواضح أن التعابير الجغرافية تسهل مهمة تحديد الأسماء والأماكن. 4-وفي القراءة عندما تتم تجزئة مشكلات النصوص إلى عناصر صغيرة يمكن مقارنتها ببعضها والتعرف على الأهمية النسبية وتحديد الصلة بين هذه العناصر. 5- تستطيع أن تجزىء مشكلة حوادث المرور إلى العناصر الآتية: -أعمار مسببي الحوادث -جنسية مسببي الحوادث -نوع الحوادث -شبكة الطرق وطبيعتها -حزام الأمان -نوع السيارات وسنوات تصنيعها -الحالة الجوية -وأشياء أخرى كثيرة
أنشطة	1-البطالة إحدى المشكلات المعاصرة في دول كثيرة من العالم، وفي بلدك أيضا. أعط تصورا لأسباب هذه المشكلة كشخص محلل للمشكلات المحلية في وزارة التخطيط. 2-حلل تعريفات الصناعة إلى عناصرها الفرعية. 3-حلل أسباب الصراع العربي الإسرائيلى . 4-تخيل أن مدينتك تعيش أزمة مياه خانقة، حلل هذه المشكلة. خلال تفكيرك بهذه المشكلة من الضروري أن تطلع على معدل استهلاك الفرد العادي من المياه خلال اليوم: استحمام 25 جالون تنظيف الأواني المنزلية 20 جالون تنظيف الحمام 5 جالون استعمالات أخرى 4 جالون

	5-تخيل أن سعر الوقود ارتفع بشكل مفاجأ، وأصبح سعره عالي جدا، وبدأ الناس بالتفكير بتوفير الطاقة. حلل كيف تستطيع استخدام الطاقة بشكل أوفر 6-امرأة تنوي السفر وقد أقترب موعد إقلاع الطائرة، وتفاجأ بأن سيارتها التي ستستخدمها للذهاب إلى المطار لا تعمل . كيف تستطيع هذه المرأة الوصول إلى المطار؟ حلل هذه المشكلة. 7-خلال فترة المراهقة يبدأ الفرد التفكير في مهنة المستقبل. هل فكّرت في مهنة المستقبل؟ حلل عملية اختيارك لمهنة المستقبل؟. 8-حلل المشكلات المألوفة في السجع. 9-حلل المشكلات في الأناشيد المشهورة . 10-قم بعملية التحليل للدراجة الهوائية 11-قم بعملية التحليل للمنزل 12-حلّل "التلوث البيئي" 13-حلّل "فريق كرة القدم" 14-حلّل "الخطر" 15-هناك مشكلة كبيرة تعاني منها إحدى المدارس،وهذه المشكلة هي "ضعف التحصيل " عند الطلاب. هل تستطيع تناول هذه المشكلة ووضع الحلول المناسبة لها مستخدما مهارة التحليل التي تدرّبت عليها؟

المهارة	التقييم
تعريف	الحكم على الأفكار أو الأشياء أو الأنشطة وتثمينها من جهة القدر أو القيمة أو النوعية. ومن خلال هذه المهارة يتعلم الفرد كيف يطلق الأحكام على نوعية الفكرة اعتماداً على معايير محددة مما يؤدي إلى دعم الفكرة أو رفضها . كما يستطيع الفرد من خلال مهارة التقييم تكوين مسلمات ثابتة يؤيدها ويدافع عنها.
مثال	هنا تعطى أى فقرة من كتاب مدرسي عادي بحيث تتوفر بها الأبعاد التقليدية الحرفية وغير المرنة في التعليم. ما هو رأيك بنوعية التعليم حسب ما ورد في الفقرة السابقة؟
أنشطة	1-أصدر حكما على رأيين، أحدهما يرى أن البترول العربي نقمة، والآخر يرى أنه نعمة حباها اللـه للعرب. 2-أصدر حكما على رأيين، أحدهما يرى أن الحملة الفرنسية نعمة على مصر، حسنت الأحوال الاقتصادية، والآخر يرى أنها نقمة دمرت البلاد وحرمتها من الحرية. 3-قدم مرافعة قضائية لقضية منتشرة على السطح حاليا موضحا الأدلة التي استندت عليها في مرافعتك. 4-باستخدام كافة المعلومات حول الأغنام، حدد أي الخطط أفضل في الحفاظ على الأغنام. يمكن للمحكات أن تتضمن: التكلفة، الوقت، قبول المجتمع، الصعوبات التي قد تظهر أثناء التنفيذ. 5-حدد من بين روايتين أيهما أكثر واقعية في تشخيص الحادث . 6-حدد ما إذا كان المقال التي كتبته يناسب المعايير الموضوعة مسبقاً . 7-درج وفق المستوى مجموعة من الخطط لمساعدة الطلبة ضعيفي التحصيل في مادة الرياضيات . وقرر أيها ستثبت فاعلية أكثر. 8-قيم ما توصلت إليه من حلول لمسألة حسابية معينة . 9-قيم نتائج تجربة معينة . 10-ضع معايير ضرورية يقتضي توافرها في المراجع الجيدة . 11-اطرح مناظرة عن الحروب الثورية في العالم مستعرضاً وجهة نظر كلا الجانبين المتصارعين مبيناً أيها أقوى حجة. 12-قدم مرافعة قضائية لقضية منتشرة في الساحة حالياً موضحاً الأدلة التي

	استندت عليها في مرافعتك.
	13-قيّم حركة التغيّر الاجتماعي في ضوء القيم والمبادئ التي تؤمن بها.

المهارة	التطبيق
تعريف	استخدام المفاهيم والقوانين والحقائق والنظريات والمعلومات التي سبق تعلمها في حل مشكلة تعرض في موقف جديد أو محتوى جديد غير مألوف
مثال	استخدم محتوى المواد الدراسية لبيان مدى تطبيق الطلبة للمعرفة التي اكتسبوها . ○ وضح مجالات مختلفة لاستخدام المعرفة . ○ شيد تصميمات أو نماذج أو قم بإجراء تجارب . ○ حل مشكلة وردت في رواية .
أنشطة	1-اعرض كيفية الاستخدام الصحيح لأحد الأجهزة ، كالميزان مثلاً . 2-حضر تجربة يمكنك من خلالها عرض الدائرة الكهربائية . الدراسات الاجتماعية : 3-صمم مسابقات ،ولوحات ، والعاب ، لبيان الأنشطة المدرسية . 4-خطط لمسرحيات لرفع الروح المعنوية في المدرسة . 5-البطاطا الجافة تعتبر أحد أنواع الأغذية الرئيسية في دولة بوليفيا/أمريكا الجنوبية، حيث يتم تجفيف البطاطا بطريقة بدائية، حيث توضع البطاطا على الجبال العالية في الليل وتغطى بالقش وترش بالماء، وهذا يؤدي إلى تجمدها في الليل، وفي اليوم التالي وبعدما تشرق الشمس وترتفع درجة حرارة الطقس، يتم الضغط على البطاطا بالأرجل من قبل المزارعين حتى يسيل منها الماء، وتتكرر العملية لعدة أيام حتى يصغر حجم البطاطا ثم يتم تجفيفها، وتحفظ في أكياس وتستخدم عند الحاجة، بحيث يتم طهيها بالماء أولا حتى تستعيد طراوتها، ثم تطهى مع المواد الغذائية كالدجاج وصلصة الطماطم ودوما تأخذ طعم ومذاق الصنف الذي تطهى معه. فكّر في طريقة معينة جديدة يمكن استخدامها لأول مرة في حفظ أحد المزروعات الغذائية الوطنية والتي تزرع محليا وتتوافر في مواسم جنيها بكثرة بحيث يمكن حفظها طوال العام، والاستفادة منها كمادة غذائية رئيسية، بالإضافة إلى المواد الغذائية الرئيسية المعروفة والمتعارف على طريقة حفظها. علما أن المحصول الذي ستختاره لم يسبق أن تم حفظه. 1-اسم المحصول الزراعي 2-طريقة الحفظ 6-ارسم خريطة الوطن العربي، وعين عليها سير الحملة الفرنسية التي قام بها نابليون.

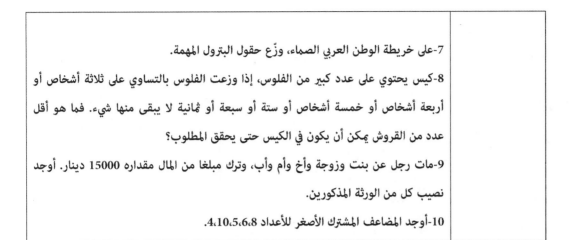

7-على خريطة الوطن العربي الصماء، وزّع حقول البترول المهمة.

8-كيس يحتوي على عدد كبير من الفلوس، إذا وزعت الفلوس بالتساوي على ثلاثة أشخاص أو أربعة أشخاص أو خمسة أشخاص أو ستة أو سبعة أو ثمانية لا يبقى منها شيء. فما هو أقل عدد من القروش يمكن أن يكون في الكيس حتى يحقق المطلوب؟

9-مات رجل عن بنت وزوجة وأخ وأم وأب، وترك مبلغا من المال مقداره 15000 دينار. أوجد نصيب كل من الورثة المذكورين.

10-أوجد المضاعف المشترك الأصغر للأعداد 8،6،5،10،4.

المهارة	التفكير المنتج
تعريف	البراعة في التوصّل إلى نواتج من الطراز الأول دونما شواهد قوية على العفوية المعبرة عن هذه النواتج. ومثال ذلك تطوير آلة موسيقية معروفة، أو لوحة فنية، أو مسرحية شعرية.
مثال	اختر هنا واكتب بعض الجمل، عبارات، أو فقرة يبدو فيها أي نتاج فكري خاص بك. قد يكون خاطرة، أغنية، شعرا، فلسفة، خيال علمي، مشهدا من مسرحية، جزءا من قصة، نقدا، تعليقا، فكاهة، تأملات، رسالة هامة أو مستعجلة، رسما تصميما.
أنشطة	1-حاول أن تكتب قصيدة تنتقد فيها منتخب بلادك لكرة القدم 2-بالتنسيق مع زملائك ومعلميك، حاول تنظيم مسرحية قصيرة تتناول أحد المواضيع التالية:"المخدرات،التدخين،البر بالوالدين" 3-اكتب خاطرة حول "مفهوم السعادة" 4-تخيّل أن للسيارات إطارات مربعة الشكل. اكتب بعض الأفكار حول هذا الخيال 5-اكتب قصة قصيرة عنوانها:"النملة" 6-حاول أن ترسم كاريكاتيرا تنتقد من خلاله أداء الحكومة الحالية 7-أرسم تصميما غير مألوف لبناية 8-في العديد من دول العالم هناك معالم تميزها عن غيرها من الدول.مثال على ذلك:"برج بيتزا المائل-برج أيفل-أبراج الكويت....الخ. حاول التفكير في تصميم لمعلم غير مألوف يمكن إنشاءه في مدينتك. 9-ارسم لوحة حول "الطفولة البائسة".

المهارة	التنبؤ
تعريف	قدرة الطالب على توقع أحداث تأسيسا على معلوماته السابقة، سواء كانت ناتجة عن ملاحظاته أو عن استنتاجات خرج بها من تجارب معينة.
مثال	إذا سالك شخص ما هل ستمطر اليوم؟ ربما تجيب دون تفكير متأن.أن إجابتك السريعة لا تعد تنبؤا علميا. ولكن إذا أردت أن تكون إجابتك توقعا علميا لا بد أن تنظر إلى عدة معلومات مثل درجة حرارة الجو،ودرجة الرطوبة النسبية،واتجاه الرياح،والضغط الجوي والغيوم،ثم انك بحاجة للنظر إلى الخارطة الجوية. كل هذه المعلومات ضرورية إذا ما أردت أن يكون توقعك للمطر أو عدمه توقعا علميا. ناقش الأمور التي يمكن التنبؤ منها بسقوط المطر مع معلمك وزملائك.
أنشطة	1-أعط توقعاتك، تنبؤاتك وكيف تتخيل بعض المسائل الهامة التي تمس حياة البشر وكيف ستصبح في عام 2050. اختر واحدة من المسائل التالية واكتب عنها بما لا يزيد عن بضعة أسطر. -الثروة الحيوانية في بلدك -الزراعة في بلدك(يمكنك التخصيص مثل زراعة القمح) -مصادر المياه في بلدك -التعليم المهني في بلدك -دور الحضانة ورياض الأطفال في بلدك -شبكة الطرق في بلدك -شبكة الهاتف في بلدك -القضاء ودور المحاكم -المستشفيات الحكومية -عيادات الاختصاص -التعليم الجامعي -السياحة -استخدام الكمبيوتر في المؤسسات،الإنترنت، أي تكنولوجيا تتخيلها. -الميناء إن وجد -حركة الاستيراد والتصدير -الصناعة -الرياضة

2-ما الذي يمكن أن يحدث لو كان سعر قطعة الشوكولاته عشرة دنانير؟

3-ما الذي يمكن أن يحدث لو كانت السماء تمطر في فصل الشتاء نقودا معدنية فئة 100 فلس؟

4-ما الذي يمكن أن يحدث لو كان الناس يملكون خيولا بدل السيارات؟

5-ما الذي يمكن أن يحدث لو أن للإنسان رأسين؟

6-ماذا يمكن أن يحدث لو تم إغلاق محطات تعبئة الوقود؟

7-ما الذي يمكن أن يحدث لو أن الولايات المتحدة الأمريكية غيرت وحدة القياس لديها إلى النظام المتري بدلا من الياردة/الفوت؟

8-ما الذي يمكن أن يحدث لو أن اليابان انتصرت في الحرب العالمية الثانية؟

المهارة	المقارنة
تعريف	التعرف على أوجه الشبه واوجه الاختلاف بين شيئين أو أكثر عن طريق تفحص العلاقات بينها، والبحث عن نقاط الاتفاق ونقاط الاختلاف، ورؤية ما هو موجود في أحدها ومفقود في الآخر وتعتبر مهارة المقارنة أساساً لعملية الملاحظة والتصنيف ، كما أن المقارنة تساعد الفرد في استنباط العلاقات بين الأشياء.
مثال	تكون بإبراز أوجه الاتفاق والافتراق أو العلاقة بين شيئين، أو فكرتين، أو عمليتين، أو شخصيتين، أو كتابين، .. الخ فقد تكون المقارنة بين المتنبي والمعري في شعر الحكمة، أو بين شوقي وحافظ في الرثاء، وقد تكون -مثلا- بين الحربين العالميتين الأولى والثانية من حيث العدد والعتاد، والاستراتيجيات القتالية، والنتائج ... أو بين مجموعتنا الشمسية ومجموعات شمسية أخرى. ما هي نقاط التشابه والاختلاف بين المدرسة والمصنع؟ نقاط التشابه: • كلاهما يحتاج إلى موظفين • كلاهما يستخدم الأدوات والمعدات • لكل منهما أهداف محددة • كلاهما فيه نوع من الإزعاج • لا يمكن للدولة الاستغناء عنهما نقاط الاختلاف: • المدرسة لا تهتم بالربح ولكن المصنع يهتم بذلك • لا يمكن قياس ما تنتجه المدرسة بوضوح • المصنع قد يلوث البيئة • هناك تشابه في منتجات المصنع،أما المدرسة فمنتجاتها مختلفة
أنشطة	1-قارن بين الدراجة الهوائية والسيارة 2-قارن بين الأردن وسوريا من حيث المساحة، عدد السكان، المناخ والموارد الطبيعية 3-قارن بين الدائرة والمثلث مبينا أوجه الشبه والاختلاف

4-قارن بين البيتزا والعملة النقدية الورقية مبينا أوجه الشبه والاختلاف

5-قارن بين الكتاب والصحيفة مبينا أوجه الشبه والاختلاف

6-اعرض تفاحة وبرتقالة، ثم ناقش المتشابهات في جميع الصفات، وكذلك ناقش الاختلافات بينها.

7-قارن بين القطط والكلاب من حيث الشكل والطعام.

8-قارن بين الفشار وشرائح البطاطس من حيث الطعم والشكل.

9-قارن بين الكيك والآيس كريم من حيث المكونات والطعم.

10-قارن بين شخصين في قصة ما من حيث الصفات النفسية والخلقية.

11-قارن بين الأشكال الهندسية في هندسة الفضاء.

12-قارن بين عمليتين حسابيتين.

13-قارن بين أثنين أو أكثر من الصخور.

14-قارن بين الأعمال في المجتمعات المختلفة من حيث الواجبات والحقوق.

15-قارن بين المجتمعات السكنية وبين المنازل من حيث التصميم.

16-قارن بين الرقمين : 1 ، 100

17-قارن بين كلمتي: عين وعلم

18-قارن بين الجندي والشرطي

19-قارن بين الأدب الأموى والأدب العباسي

20-قارن بين طاولة المعلم وطاولة الطالب

21-قارن بين مفهومي الديموقراطية والدكتاتورية

22-قارن بين غزوة بدر وغزوة أحد

23-قارن بين الولايات المتحدة الأمريكية وعلبة البيبسى

24-كيف تختلف القيم الأسرية في المجتمع العربي المعاصر عمّا كانت عليه قبل 50 سنة؟

25-لديك مجموعة من الأشياء المختلفة،حاول إيجاد نقاط التشابه بين هذه الأشياء:

البرتقالة -الكتاب

مشاهدة التلفزيون-قيادة السيارة

تنظيف الأسنان-النوم

26-ما أوجه التشابه والاختلاف بين "رحلة مدرسية" و"اختبار"؟ 27-ما أوجه التشابه والاختلاف بين "الشخص الفقير"و"الشخص الكسول؟ 28-ما أوجه التشابه بين "طبيب الأسنان"و"الثلاجة"؟ 29- ما الاختلاف بين إنفاق النقود على التكنولوجيا الحديثة المتطورة وإنفاق النقود على التعليم؟ 30-من المعروف أن الشعب الياباني شعب منظم يحب العمل،مخلص في عمله،ولديه دقة في المواعيد ....إلخ تخيل نفسك أنك عشت لفترة معينة بين أفراد هذا المجتمع،ثم عدت إلى بلدك.كيف تستطيع أن توظف عملية المقارنة من أجل تعميم الفائدة على بلدك؟	

التلخيص	المهارة
تقليص الأفكار واختزالها، والتقليل من حجمها مع المحافظة على سلامتها من الحذف أو التشويه، وكذلك إعادة صياغتها عن طريق مسح المفردات والأفكار، وفصل ما هو أساسي عمّا هو غير أساسي، ومعالجة المفاهيم والأفكار الواردة بلغة من يقوم بالتلخيص، بهدف استخلاص لب الموضوع والأفكار الرئيسية المرتبطة به، ثم التعبير عنها بإيجاز ووضوح.	تعريف
أنت تدرس لاختبار في الدراسات الاجتماعية، بعد أن تقرأ الفقرة أو الموضوع الموجود في الكتاب، قم بوضع خطوط عريضة أو قم بتلخيص نقاط هامة لتساعدك لفهم وتذكّر ما قرأته أو درسته.	مثال
1-اختر أحد النصوص في مادة اللغة العربية وقم بتلخيصه بما لا يزيد عن 20 كلمة. 2-اختر قصة من مادة اللغة الإنجليزية وقم بتلخيصها. 3-اقرأ قصة البؤساء ثم قم بتلخيصها. 4-اختر أحد المقالات الموجودة في إحدى الصحف المحلية ثم قم بتلخيصها. 5-استمع إلى إحدى المحاضرات التي تناقش قضايا اجتماعية مهمة، ثم قم بتلخيصها. 6-اختر أحد الأفلام أو المسلسلات التي تابعتها ثم قم بتلخيصها. 7-لخص في جملة واحدة الوضع العربي الراهن. 8-موضوع الحروب والآثار المدمرة لها على المجتمعات المعاصرة قضية مهمة جدا . اختصر في جملة واحدة "الآثار المدمرة للحروب" 9-تستمع كل يوم إلى العديد من نشرات الأخبار. هل تستطيع اختصار هذه النشرات في جملة واحدة؟ 10-تتناقش مع زميلك حول موضوع المخدرات والآثار المدمرة له على المجتمع. هل تستطيع اختصار هذا النقاش في جملة واحدة؟	أنشطة

<table>
<tr><td>المهارة</td><td>الملاحظة</td></tr>
<tr><td>تعريف</td><td>هي مهارة التدقيق في الأشياء أو التمعن في الأحداث باستخدام الحواس الخمس. وتعد الملاحظة من مهارات التفكير الأساسية كونها تسند وتدعم مهارات التفكير الأخرى. كما تعد مهارة الملاحظة من الوسائل المهمة في جمع المعلومات .</td></tr>
<tr><td>مثال</td><td>اكتب ما لا يقل عن أربعة خصائص تلاحظها في كل من الأشياء الآتية، وفكّر في إعطاء سبب واحد لكل منها:
-إطارات السيارات
-العملة غير الورقية
-العلم
-قلم الرصاص
<table>
<tr><th>الأشياء</th><th>الخصائص</th><th>الأسباب</th></tr>
<tr><td>إطار السيارات</td><td>مستدير
مصنوع من المطاط
مجوّف
محزز</td><td>سهولة الدوران
حتى يكون مرنا
سهولة الثني عند الدوران
حتى يمسك بالأرض</td></tr>
<tr><td>العملة غير الورقية</td><td>مستديرة
معدنية
رقيقة
مصكوك على أحد وجهيها صورة</td><td>سهولة الحمل والاستعمال
حتى لا تنثني بسهولة
حتى لا تكون خفيفة
حتى تظهر تاريخ الدولة</td></tr>
<tr><td>العلم</td><td>ملوّن
مصنوع من القماش
مستطيل
مصمم بطريقة خاصة</td><td>سهولة رؤيته
صعوبة تمزيقه
سهولة صنعه
حتى يكون رمزا للدولة</td></tr>
<tr><td>قلم الرصاص</td><td>مصنوع من الخشب
له ستة أوجه
محشو بالرصاص الكربوني
رفيع</td><td>سهولة البرى
سهولة الإمساك به وحفظه
لأنه يعلم(يترك أثرا بسهولة)
سهولة الأمساك به</td></tr>
</table>
</td></tr>
</table>

أنشطة	1-تعرف على فاكهة الخوخ باستخدام الحواس الخمس . كيف يمكن لحواسك الخمس أن تساعدك في معرفة الخوخ ؟
	2-أطلب من التلاميذ أن يغلق كل منهم عينيه.ثم أطلب منهم أو من أحدهم أب يصف غرفة الصف، اطرح الأسئلة التالية على سبيل المثال:
	كم عدد الشبابيك في الغرفة؟
	هل الشبابيك من الألمنيوم أم من الحديد أم من الخشب؟
	كم عدد المقاعد في غرفة الصف؟
	ما لون باب غرفة الصف؟
	ما لون طاولة المعلم؟ ما لون اللوح أو السبورة في غرفة الصف؟
	هل توجد سلة مهملات في غرفة الصف؟
	ما لون البلاط أو أرضية الغرفة؟
	لا شك أنك رأيت كل هذه الأشياء في الغرفة ولكن هل لاحظتها؟
	3-دع الطلبة يلاحظوا ويسجلوا تقريراً عن شجرة ما أثناء رحلة علمية خارج المدرسة .
	4-اجعل الطلبة يميزوا حبات من الفستق ، ثم ليتعرفوا على الفستق من بين مجموعة أخرى من الفستق .
	5-لو كنت مغمض العينين ، كيف لك أن تعرف أنك في : حديقة الحيوان ؟ أو في الكافتيريا ؟ أو في الفصل الدراسي ؟ أو في النادي الصحي ؟ أو في المصنع ؟
	6-أمعن النظر في صورة ، ثم صف الأشياء التي فيها .
	7-دقق النظر في صور المباني لتبحث عن أشكال هندسية متعددة . استعن بالرسوم البيانية لجمع المعلومات .
	8-قم بتجارب علمية لملاحظة وتسجيل تتابع الأحداث والتغيرات في هذه التجارب.
	9-استخدم حواسك الخمس في وصف أوجه التشابه والاختلاف في كل من : السكر والملح / والطحين والنشا .
	10-اجمع معلومات من صورة ما . مثال : ماذا يمكن للصورة أن تخبرك عن الأحوال المعيشية لقاطني ذلك المكان ؟
	11-ما هى ملاحظاتك حول تسرب الطلبة من المدارس؟
	ما هي ملاحظاتك حول معلميك؟

النمذجة	المهارة
اكتشاف غير متوقع لطريقة أو حركة أو ترتيب لأجزاء ، وتعد مرحلة مكملة لحل المشكلات .	تعريف
استخدم مكعبات أو خرزاً ملوناً لترتيب نماذج كما يلي : • أحمر ، أخضر ، أزرق ، أحمر ، أخضر ، . . . • ما اللون الذي سيأتي بعد ذلك: أحمر ، أحمر ، أخضر، أحمر،...؟ • ناقش شفهياً كيفية تفكيرك . زود الأطفال بمجموعة من النماذج مع تزويدهم بـ القياسات ، والأشكال ، والألوان لكي يتكهنوا بما سيلي بعد ذلك .	مثال
1. استخدم أناشيد الحضانة والروضة بغية التنبؤ بأنماط الكلمات . 2. استخدم الأمثلة الأبجدية مثل : أ ، ت ، ج ، . . من أجل التكهن بالحرف الذي سيأتي بعدها. 3. استخدم الأمثلة للتنبؤ بالرقم الذي سيلي بعد ذلك . مثال : 2 ، 4 ، 6 ، 8 ، . . . 4. استخدم دورات الحياة للتنبؤ بالمرحلة التطورية التالية . 5. استخدم فصول السنة لمعرفة أي فصل سيأتي بعد ذلك . 6. طابق الأمثلة المتعلقة بإجراء مكالمة هاتفية من أجل تحديد ما سيأتي بعد ذلك . 7. ناقش الأمثلة المتعلقة في حدث يومي مثل الاستعداد للذهاب إلى المدرسة، أو الإعداد لوجبة الغداء .	أنشطة

التناظر	المهارة
مقارنة بين شيئين ومشابهة بينهما. وتستخدم هذه المهارة لتحديد العلاقة بين أشياء أو مجموعات مختلفة، ومن خلال هذه المهارة يستطيع الطالب تحليل العلاقات بين الأشياء وتحديد علاقات التشابه بين شيئين جديدين. كما أن التناظر يساعد في بناء حصيلة لغوية عالية، ويساعد في تكوين المرونة الفكرية.	تعريف
توجد هناك أنواع مختلفة من التناظر مثل: الكلمة إلى عكسها مثل : بارد إلى حار. الجزء إلى الكل أو الكل إلى الجزء مثل : التفاح إلى البذور الوظيفة إلى الشيء مثل: الطبخ إلى الفرن الصفات إلى الأشياء مثل : ناعم إلى الحرير الإنتاج إلى الشيء أو الشيء إلى الإنتاج مثل: الحليب إلى البقرة	مثال
1. فتح بالنسبة لأغلق مثل بدأ بالنسبة ل . . . . 2. الأظفر بالنسبة للإصبع مثل الشعر بالنسبة لـ . . 3. العين بالنسبة للنظر مثل الأذن بالنسبة لـ ... 4. سريع بالنسبة إلى الغزال مثل بطيء بالنسبة إلى .... 5. الصوف بالنسبة إلى الخروف مثل البيضة بالنسبة إلى . . 6. حسن إلى سيئ مثل نهار إلى.... 7. السفينة إلى البحر مثل الطائرة إلى .. . 8. المؤلف إلى الكتاب مثل الرسام إلى ... . 9. القص إلى المقص مثل القطع إلى ... . 10. التفاح إلى الفاكهة مثل خيار إلى ..... . 11. الكأس إلى الشرب مثل الصحن إلى .... . 12. الذهب إلى المنجم مثل البترول إلى .... . 13. القليل إلى الكثير مثل البعض إلى .... . 14. الجوارب إلى القدم مثل القفازات إلى .... . 15. الحريق إلى الحرارة مثل الحلاوة إلى .... . 16. عنترة بن شداد بالنسبة إلى بني عبس مثل . . .. بالنسبة إلى . . . 17. 15 بالنسبة إلى 150 مثل . . . . بالنسبة إلى . . . . . 18. جرام بالنسبة إلى الكيلو مثل . . . . . بالنسبة إلى	أنشطة

19. الباندا بالنسبة إلى الانقراض مثل . . . . بالنسبة إلى . . .	
20. الماء إلى الإنسان مثل . . . . .بالنسبة إلى	
21. الكويت بالنسبة إلى البترول مثل . . . . بالنسبة إلى . . .	
22. الغابات بالنسبة إلى خط الاستواء مثل . . . . بالنسبة إلى	

المهارة	التصور
تعريف	تصوير شيء ما ، أو بناء صورة ذهنية للمستقبل . وهو استحضار صور من الماضي لاختراع أشياء جديدة . ويستخدم التصور للوصول إلى ما وراء الحقيقة والواقع . ويعد الخيال أداة ضرورية للذكاء الإنساني .
مثال	استخدم صورة حيوان ما أو شخص ما . واطرح أسئلة حولها للمناقشة على نحو : ○ ما الذي يفعلونه الآن ؟ لماذا ؟ ○ أين هم ؟ ○ كيف يشعرون ؟ ○ ماذا حدث ؟ ○ ماذا سيحدث ؟
أنشطة	1. ما الذي يمكن أن تراه لو كنت طائراً ؟ 2. تصور لو كنت شجرة داخل بيت يحتفل أهله بليلة زفاف . اكتب ما دار في ذهنك . 3. صف يوماً كاملاً في الفضاء الخارجي . 4. ابتكر شخصية جديدة لكي تحضر حفلة تنكرية . 5. اكتب نهاية لقصة تعرفها ، أو ألف نهاية لقصة لم تكتمل بعد . 6. تصور أن الأرقام تستطيع الكلام . ماذا يمكن أن تقول ؟ 7. تصور شكل مائة فلس ، ثم ابتدع شكل الألف فلس ، ثم المليون فلس ، ثم البليون فلس . 8. تصور لو كنت حشرة يطاردها ضفدع ، كيف ستشعر ؟ كيف ستتجنب الخطر؟ 9. تصور أنك تستطيع اختراع سيارة جديدة لا تعمل بالبترول . كيف سيكون شكلها ؟ 10. تصور أنك تعيش في العهد الأموي . صف ما يمكن أن تراه . 11. ما التغيرات التي تحب أن توجد في العالم ؟ 12. لو أن لك يدا واحدة، كيف ستتصرف عموما. صمم لك ملابس. 13. لو كنت بحجم نملة، تخيل كل شيء بالنسبة لك، كيف ستستعمل أغراضك؟

14. هبطت الطائرة، نزل منها الركاب، ومن بينهم شاب مكسور الرجل، تبدو عليه الكآبة وبيده ورقة، وكان أبوه في استقباله، أسرع إليه واحتضنه، وأخذ الشاب يردد:آسف يا أبي... هذه نهاية لقصة، نريدك أن تتخيلها وتصيغها كاملة...

15. نحضر علبة فارغة ونطلب من مجموعة أن تصنع منها شيئا مفيدا، ثم نسجل النتائج.

المهارة	القياس المنطقي
تعريف	القياس المنطقي هو ترتيب للكلام ، وهو استدلال موجه لبراهين أساسية قائمة على ثلاث حالات أو جمل . تسمى الجملتين الأولبين بالمقدمة المنطقية ، والجملة الثالثة هي الاستنتاج وتسمى بالخاتمة . فإذا كان الاستنتاج مدعماً ومؤيداً بالجملتين السابقتين له ، فإن الاستنتاج صحيح . أما إذا كانت الجملتين الأولبين (المقدمة المنطقية) لا تدعمان الاستنتاج ولا تؤديان إليه ، فإن الاستنتاج خاطئ.
مثال	استخدم الأمثلة التالية لبيان الإدراك المؤدي إلى الاستنتاجات الصحيحة أو الاستنتاجات غير الصحيحة . مثال (1) كل ما ينتمي إلى فصيلة القطط له أربعة أرجل . النمر من فصيلة القطط . لذلك فإن للنمر أربعة أرجل . هذا استنتاج صحيح . فإذا كان النمر من فصيلة القطط ، وكان لكل القطط أربعة أرجل فلابد أن يكون للنمر أربعة أرجل . مثال (2) كل الخيار من الخضراوات . كل الخيار لونه أخضر . لذلك كل الخضراوات لونها أخضر . هذا استنتاج غير صحيح ؛ فلا إثبات بأن كل الخضراوات لونها أخضر . تذكر أنه لا يمكنك نقض العبارات التي تبدأ بـ (كل) ؛ فمن غير الممكن نقض العبارة : " كل الخيار لونه أخضر " لتصبح كل الخضراوات هي خيار . مثال (3) كل الخيول تأكل العلف . الحصان العربي نوع من الخيول . لذلك فالحصان العربي يأكل العلف . هذا استنتاج صحيح ؛ فإذا كان الحصان العربي نوعاً من الخيول، وإذا كانت كل الخيول تأكل العلف ، لذا فإن الحصان العربي يأكل العلف .
أنشطة	1.حدد فيما إذا كان الاستنتاج في كل جملة من الجمل التالية صحيحا أم خاطئا: 1.كل السلمون سمك . كل الأسماك تسبح .

لذلك فإن السلمون يستطيع السباحة .

2.كل المربعات لها أربعة أضلع .

ليس أياً من الأشكال الرباعية مثلثة .

لذلك فليس أياً من المربعات يمكن أن يكون مثلثاً .

3.كل المعلمين يبذلون جهداً كبيراً .

السيدة سعاد معلمة .

لذلك فإن السيدة سعاد تبذل جهداً كبيراً .

4.النخيل نوع من النباتات .

النخيل ينمو في الصحراء .

لذلك فإن كل النباتات تنمو في الصحراء .

5.منتجات الألبان مفيدة للإنسان .

الحليب أحد منتجات الألبان .

لذلك فإن الحليب مفيد للإنسان .

6.بعض الصغار رياضيون جيدون

كل لاعبي كرة القدم رياضيون جيدون

أذن بعض الصغار لاعبو كرة قدم

7.كل القوارب من المعدن

كل المعادن قوية

أذن كل الأشياء القوية قوارب

8.بعض القوارب تطفو

كل الأشياء التي تطفو سريعة

أذن بعض القوارب سريعة

9.كل العمالقة طوال القامة

بعض الناس طوال القامة

أذن بعض العمالقة ناس

2.أعط مقدمتين منطقيتين ، واطلب من الطلبة أن يأتوا بالاستنتاج .

1.لا أحب الأشياء ذات الطعم الحامض . الليمون طعمه حامض ، لذلك فأنا .....

2.كل " س " تكافئ " ص " .

كل " س " تكافئ " ع " .
لذلك . . . . . .
3.للحشرات جسم مكون من ثلاثة أجزاء رئيسة .
النملة نوع من الحشرات .
لذلك فإن . . . .
4.كل رؤساء الولايات المتحدة الأمريكية ينتخبهم الشعب الأمريكي .
جورج بوش كان رئيساً للولايات المتحدة الأمريكية .
لذلك فإن . . . .

المهارة	العلاقات القسرية
تعريف	خلق صلة منطقية بين الصفات المميزة أو بين أبعاد شيئين أو أكثر حين يجزم المتأمل أن لا علاقة منطقية بينها أبداً . ويمكن لتلك العلاقة القسرية أن تربط بين الأشياء من نواحي عدة لتشمل المواضيع أو المفاهيم أو حتى الأفكار ، إلى أن تتبلور فكرة أو حل لم يكن قط ليتصور الانتهاء إليه .
مثال	في أي شيء يشبه البيانو طائر نقار الخشب ؟ البيانو جهاز جماد له مفاتيح يعزف أسود وأبيض مصنوع من الأشجار نقار الخشب طائر كائن حي يعيش على الأشجار يغني كلاهما يغني أو يصدر موسيقى .
أنشطة	1. أي من الأزهار الأكثر شبهاً بك ؟ 2. ما أوجه الشبه بين الحزن وألم البطن ؟ 3. ما أوجه الشبه بين التلفاز والكتاب ؟ 4. اختر شخصيتين من قصتين مختلفتين ، ثم اجمع بينهما في قصة أخرى جديدة . 5. ما أوجه الشبه بين أسطر كتابة الأرقام وبين مسار خطوط السكك الحديدية ؟ 6. ما أوجه الشبه بين القش والنهر؟ 7. ما أوجه الشبه بين الحرية والثعلب

المهارة	إدراك الأوهام
تعريف	إن الوهم هي جملة تستند على منطق خاطئ أو فكرة كاذبة. تأمل دائماً عبارة (أما – أو) لضمان عدم كونها وهماً، تشير لنا عبارة (أما – أو) أن هناك خيارين فقط، يكون هذا صحيحاً في بعض الأحيان فمثلاً أما انك تقرأ أو انك لا تقرأ ومع ذلك فهناك خيارات أكثر مما تدل عليها عبارة (أما – أو) عندئذٍ تعتبر العبارة وهماً.
مثال	. أعطيت أدناه بعض عبارات (أما – أو) بين الوهم في كل عبارة مقترحاً على الأقل حل أو خيار بديل آخر. إذا عُرض عليك بيت بسعر محدد فإنك إما ستوافق على الصفقة أو سترفضها. يمكن أن تساوم المالك لتخفيض السعر..
أنشطة	أعطيت أدناه بعض عبارات (أما – أو) بين الوهم في كل عبارة مقترحاً على الأقل حل أو خيار بديل آخر. 1- بالإمكان تدفئة شقق البنايات إما بالغاز أو بالكهرباء. .... 2- يبتدأ العشاء إما بالحساء أو بالسلطة. .... 3- تذهب أنت إلى المدرسة إما ماشياً أو راكباً الباص. .... 4- الأجرام السماوية هي إما نجوم أو كواكب. .... 5- المرشحون السياسيون هم إما المحافظون أو الأحرار. .... 6- يعيش الناس إما في المدن الكبيرة أو في الضواحي. .... 7- يمكن تصنيف الشخص إما طويل أو قصير. ....

وهناك نوع آخر من الوهم يدعى بالجدل المحرف الذي يصمم لإقناع الناس على اعتناق إيمان معين أو على العمل بطريقة معينة.

أ -يستخدم الجدل المحرف في الغالب كلمات ذات معانٍ انفعالية عالية وقد تنطوي هذه الكلمات على ذم (كلمات بذيئة) أو مديح (كلمات مسرة). وعلى السطر وراء كل كلمة إطرائية اكتب كلمة الذم المعاكسة من الصندوق.

1- رحيم ....

2- مطيع ....

3- واضح التفكير ....

4- مسرور ....

5- مخلص ....

6- وطني ....

7- مهتم ....

8- مستقيم ....

غير مخلص
مخادع
بغيض
قاسي
غامض
غير مبالي
مرتبك
متمرد

ب- تأمل الجدول المحرف أدناه. ارسم خطاً تحت كل كلمة أو عبارة مديح وخطين تحت كل كلمة أو عبارة ذم.

1- سوف تقلب أفكار الخصم الخطيرة مدينتنا الجميلة إلى غابة قبيحة المنظر محفوفة بالمخاطر.

2- إن كلوريكس هو منظف الأرضية الممتاز الذي يخلص بيتك من الرمل، الأوساخ والجراثيم.

3- إن التخطيط السيئ للطريق السريع سوف ينجم عنه ضوضاء ومرور معقد بينما سيؤدي التخطيط السليم إلى طريق ذو منظر طبيعي محاط بأزهار الأشجار المثمرة.

4- ارم الجينز القديم واحصل على زوج من الملابس المفضلة لدى الناس الذين يعرفون الموضة.

ففي إطار وهم "الذنب بالتداعي" يُفترض أن الشخص قد قام بشيء خاطئ لأنه شوهد في موقف مشكوك به وفي الواقع لا يكون الشخص مذنباً على الإطلاق جراء قيامه بعمل خاطئ.

أ- ضع علامة أمام الحالات التي يمكن فيها اعتبار الشخص مذنباً.

.... 1- شوهد صديقك ماشياً بجانب شخص قد هرب لتوه من السجن.

.... 2- استعار الصبيان السيارة من والدهما.

.... 3- تم رؤيتك وأنت تدخل دار القضاء مع ضابط الشرطة.

.... 4- تزور الفتاة ابن خالها الذي يعيش في كندا.

.... 5- شوهد رجل وهو يفتح الباب عنوة بالمفك.

ب- افترض أن في كل حالة وضعت عليها علامة في الجزء الأول لم يكن الشخص مذنباً، اكتب على الأسطر أدناه التوضيحات الممكنة لتصرف كل شخص.

....

....

....

....

....

....

....

المهارة	بناء الفرضيات
تعريف	الفرضية هي تخمين لتوضيح حقيقة أو حدث معين إلى أن يتم إثبات السبب الفعلي.
مثال	اقرأ كل من الفقرات التالية واكتب فرضية لتوضيح الحالة الموصوفة في الفقرة ثم اكتب ما الذي ستعمله لإثبات فرضيتك. 1- غطى الجليد الأرض وكانت درجة الحرارة تحت الصفر لعدة أيام. وعلى أي حال استيقظت مريم هذا الصباح وكان هناك برك صغيرة على طول رصيف المشاة وكانت الكتل الجليدية تتقطر. الفرضية .... ما الذي بإمكانك عمله لإثبات فرضيتك؟ ....
أنشطة	2- ظن نور الدين بأنه شعر باهتزاز الأرضية ثم بدأت الكؤوس التي في الخزانة ترن من جراء تلامسها وقبل معرفته بما حدث بدأ ضوء المطبخ يتأرجح وتساقطت الصور من على الجدران. الفرضية .... ما الذي بإمكانك عمله لإثبات فرضيتك؟ .... 3- ذهب فريد وهاشم إلى البركة ومسك كل منهما ضفدعاً للدخول في سباق الضفادع المحلي، جلبوا الضفادع إلى فناء هاشم وأخرجوهم من الصناديق، قفز ضفدع هاشم بسرعة بينما قفز ضفدع فريد بضع قفزات ثم توقف. الفرضية .... ما الذي بإمكانك عمله لإثبات فرضيتك؟ ....

المهارة	اقتراح البدائل
تعريف	غالباً ما يكون هناك أكثر من أسلوب للقيام بعمل ما أو أكثر من طريقة لاستخدام شيء ما، تدعى هذه بالبدائل.
أنشطة	افترض أن لديك طبق دائري. صف كيفية استخدامك للطبق في كل من المواقف التالية: 1- في دراسة الكسور .... 2- في حدث خاص لسباق التتابع .... 3- كقطعة من الأثاث .... 4- كقطعة من التجهيزات الرياضية .... 5- لتحسين وقوفك .... 6- لا يزال هناك استخدام آخر للطبق قم بوصفه ....

المهارة	الاستدلال الاستقرائي
تعريف	عملية استدلال عقلي تنطلق من فرضية أو مقولة أو ملاحظة، وتتضمن إما القيام بإجراءات مناسبة لفحص الفرضية من أجل نفيها أو إثباتها، وإما التوصل إلى نتيجة أو تعميم بالاستناد إلى الملاحظة أو المعطيات المتوفرة
مثال	يمكن الاستعانة بالأمثلة التالية : بم يشتهر الأشخاص التالية أسماؤهم : ابراهام لنكولن / تيودور روزفلت / توماس جيفرسون / جورج واشنطن ؟ الإجابة: جميعهم كانوا رؤساء للولايات المتحدة الأمريكية بم تتشابه الأشياء التالية : طائرة ورقية / طائر / طائرة مروحية (هيليوكبتر) / طائرة ؟ الإجابة : أنها تطير . عند ذكر الخصائص التالية : المشاتل / الفلاحين / حقول القطن ، فإنه يمكن للطلبة أن يدركوا بالاستقراء أن الحديث عن مناطق زراعية .
أنشطة	1.ما الذي تمثله أو تدل عليه الكلمات التالية : شيكاغو / دالاس / فيلادليفيا / ديترويت ؟ 2.ما الذي تدل عليه الكلمات التالية : تونة/ القرش / البلطي / هامور ؟ 3.اسرد بعضاً من قصص الخيال والأساطير، واسأل عن ماهيتها . 4.اذكر أمثلة لاشتقاقات لغوية واسأل عن إعرابها (اسم / فعل / حرف . . .) 5.اجعل الطلبة يقرءون قصة قصيرة واطلب منهم أم يأتوا بعنوان مناسب لها. 6.أعط الطلبة نماذج مختلفة من أشكال مثلثة ، واسألهم عنها . 7.اجعل الطلبة يتعرفون إلى عدة أرقام كسرية بصورة صحيحة . 8.أعط أمثلة لسوائل مختلفة واسأل عنها . 9.عين أسماء الطيور الجارحة من قائمة تضم أسماء مختلفة . 10.اجعل الطلبة يتعرفوا إلى قائمة بأسماء مدن واطلب منهم أن يذكروا عواصمها .

المهارة	الاستدلال الاستنباطي
تعريف	القدرة على التوصل إلى نتيجة عن طريق معالجة المعلومات أو الحقائق المتوافرة طبقا لقواعد وإجراءات منطقية محددة.

مثال

مقدمة أولى/دليل أول	إذا كانت زاوية"أ" تساوي زاوية "ب"
مقدمة ثانية/دليل ثان	وكانت زاوية "ب" تساوي زاوية "ج"
نتيجة/مدلول عليه	فإن زاوية "أ" تساوي زاوية "ج"

أنشطة

.1

مقدمة أولى/دليل أول	الطلبة يدعون إلى مكتب المدير فقط عندما يتغيبون عن المدرسة
مقدمة ثانية/دليل ثان	خليل طالب تم استدعاؤه إلى مكتب المدير
نتيجة/مدلول عليه	....

.2

مقدمة أولى/دليل أول	إذا درست، فانك ستنجح
مقدمة ثانية/دليل ثان	أنت درست
نتيجة/مدلول عليه	....

.3

مقدمة أولى/دليل أول	إذا كانت تمطر يكون في الجو غيوم
مقدمة ثانية/دليل ثان	إنها تمطر الآن
نتيجة/مدلول عليه	....

.4

مقدمة أولى/دليل أول	إذا كان الشخص مجدا، فسوف لن يفشل
مقدمة ثانية/دليل ثان	سعيد فشل
نتيجة/مدلول عليه	إذن...........................

.5

مقدمة أولى/دليل أول	....
مقدمة ثانية/دليل ثان	كل النرجس أزهار
نتيجة/مدلول عليه	إذا، كل النرجس جميل

.6

مقدمة أولى/دليل أول	....
مقدمة ثانية/دليل ثان	المريض شفى من مرضه
نتيجة/مدلول عليه	إذا، فقد أخذ المريض الدواء

المهارة	السبب والنتيجة
تعريف	وصف الصلة بين حدثين؛ حيث يكون الأول سببا في وقوع الثاني.
مثال	ما أسباب ونتائج ظهور بديل للبترول في العالم؟
	السبب: ارتفاع سعر البترول بشكل متكرر من أدى إلى البحث عن مصادر بديلة
	النتيجة: تدهور أسعار البترول، وانخفاض مستوى الدخل لدى الدول المصدرة للبترول، والبدأ بالتفكير في مصادر بديلة للدخل
أنشطة	1. ما هي الأسباب الممكنة لتعطل جهاز تلفازكم؟ وما هى النتيجة لهذا التعطل؟
	2. ما الذي تسبب في تأخرنا عن الموعد المحدد؟
	3. ماذا يمكن أن يدعو طفل رضيع للبكاء؟
	4. ما النتائج المتوقعة عند التعثر بصخرة؟
	5. ماذا يمكن أن تكون أسباب ونتائج المواقف التالية:
	1. عدم تزويد فصل دراسي بأوراق وأقلام؟
	2. الشغب في فصل دراسي؟
	3. التأخر في الذهاب إلى المدرسة؟
	4. عدم وجود مقاعد داخل الباصات؟
	6.اختر موقفا من محتوى كتابك المدرسي، واكتشف الأسباب المؤدية إلى ذلك الموقف ونتائجه.
	7.ما أسباب ونتائج الأمية؟
	8.حدد أسباب ونتائج التحصيل المنخفض في الرياضيات
	9.ما أسباب ونتائج الإسراف في إنفاق الأموال؟
	10.ما أسباب ونتائج الإسراف (الهدر) في الماء؟
	11.ما تأثير وجود الكهرباء في حياتنا؟
	12.حدد أسباب ونتائج الاختناقات المرورية
	ناقش أسباب ونتائج أى حدث على الصعيدين المحلي أو الدولي
	13.ما هى أسباب كل من المشاكل التالية، وما هى نتائجها؟:
	1-يسبب تلوث البيئة الانزعاج للناس.

2-يشعر المسنون في شمال أوروبا بالوحدة والكآبة 3-كثير من الأوروبيين يهاجرون إلى استراليا 4-تعتبر الدول الاسكندنافية من أكثر دول العالم معاناة من مشكلة الانتحار.	

المهارة	التعميمات
تعريف	عبارة تربط بين مفهومين أو أكثر من المفاهيم،ويتمثل هدفها في توضيح العلاقات بين المفاهيم، بينما تتلخص أهميتها في تزويد المتعلمين بأدوات يستطيعون بموجبها استخدام هذه التعميمات في تشكيل أو طرح فرضيات تعمل على إيجاد حلول للمشكلات العديدة التي تواجههم أو تواجه مجتمعهم.
مثال	التعميمات الوصفية:يزيد عدد المستهلكين في أي مجتمع من المجتمعات عن عدد المنتجين فيه التعميمات التي تبين السبب والنتيجة:كلما اقتربنا من دائرة الاستواء،ارتفعت درجة الحرارة عن مستوى سطح البحر. التعميمات التي تعبر عن فئة اجتماعية:عندما يتم حرمان أي شخص أو مجموعة من الأشخاص من الحرية،فان حرية الناس تصبح في خطر. التعميمات التي تعبر عن قوانين أو نظريات أو مبادئ:يزداد اعتماد الأمم والشعوب على بعضها يوما بعد يوم.
أنشطة	هل تستطيع إصدار تعميمات من خلال الأمور التالية: 1-طلب العلم 2-القرآن الكريم 3-السفر 4-المعادن 5-تاريخ الأمم 6-اللياقة البدنية 7-الفنان 8-الوعي الصحي 9-مهارة الفتاة في الطهي 10-الزراعة

المهارة	الاستدلال
تعريف	المهارة في استخلاص النتائج الممكنة ، ومعرفة ما يتبع ذلك ، عن طريق حقائق موجودة أو مقدمات منطقية . ويستخدم الاستدلال للمساعدة في تحديد ما الذي يمكن أن يتبع ـ منطقاً ـ حتى ولو لم تكن بعض البيانات واضحة. فالتنبؤ هو خطوة مهمة في عملية حل المشكلات .
مثال	استخدم أمثلة مما يلي : • قامت سعاد بإعداد عدداً من الشطائر وحضرت نظارة شمسية و كريم واق من أشعة الشمس . وبعد سير طويل بالسيارة عرجت والدتها إلى منزل صديقتها لتزورها بينما استمتعت سعاد مع أخوتها برذاذ الماء ا لمالح والرمل . • كل أربعاء تقدم قطع البيتزا في كافتيريا المدرسة . واليوم هو الأربعاء . • غادر الطلاب والمعلمون المبنى قبل الساعة الواحدة ظهراً ، وانتظروا بهدوء في الخارج . الأسئلة التالية تعتبر مهمة في ممارسة الاستدلال : ماذا تعتقد سيفعل شخص ما في . . . ؟ ماذا يمكن أن يكون المقصود بـ . . . ؟ لماذا تفترض أن . . ؟ ما الشاهد الذي يدعم هذا الاستدلال ، أو يقود إلى ذاك الاستنتاج ؟
أنشطة	وضح السبب فيما يلي : 1.انتهت هدى من عرض شفهي لتقرير أعدته عن كتاب، وهي تبتسم ، ثم صفقت الطالبات لها بحرارة . 2.لقد فقد أمجد حقيبته المدرسية وبداخلها وجبة إفطاره . علماً بأنه قد توقف للعب الكرة وهو في طريقه إلى المدرسة . 3.توقفت هند لتنظر إلى جرح في ركبتها. كانت ترتدي حذاء ذي عجلات (ROLL SKATE) . وكان هناك كلب يجري في الشارع . 4.كان صباح يوم الأربعاء بارداً ورطباً لذلك ارتدى سعود ملابسه الدافئة وأخذ معه مظلة . أما ظهر ذلك اليوم فقد كان الجو مشمساً . وخلال عطلة نهاية الأسبوع سقط المطر مرة أخرى . لقد تبلل سعود وأحس بالبرد أثناء توزيعه الصحف اليومية .

2.اقرأ قطعة من النثر أو أبياتاً من الشعر ، ثم اسأل الطلبة لتخمين تخمين احتمالات ما كانت عليه حياة المؤلف آنذاك (الفترة الزمنية / الدولة / الحياة والمكانة الاجتماعية / الاعتقادات الشخصية التي يؤمن بها المؤلف أو الشاعر ..) .

3.خمن معاني الجمل عندما نقرأ بتنقيط مختلف أو إعراب مغاير أو نبرة صوت غير مناسبة.

4.يبدو أن نبيل يحب الحساب ويستوعب المفاهيم والعمليات الرياضية بشكل جيد ، لكنه لم يجب عن أسئلة الاختبار بالمستوى المطلوب . لماذا ؟

5.قارن بين النقاط ومجموع الأهداف التي حصل عليها نجوم كرة القدم في العالم ، واستنتج اللاعب الذي سجل أكثر عدد من النقاط .

6.اكتشف كيف يتم اقتفاء أثر الحيوانات وسجل كيفية توظيف الاستدلال في ذلك الاقتفاء .

7.صف آلة أو أداة ، واترك مجالاً للطلبة لاستنتاج ما هية هذه الآلة أو استخدامها .

8.استمع إلى مرافعة في المحكمة ، ثم اشرح سبب صدور الحكم .

9.اقرأ حول مناخ بلد معين، واستنتج محاصيله الرئيسة المحتملة .

المهارة	المفاهيم
تعريف	مجموعة من الأشياء أو الرموز أو الحوادث الخاصة التي تم تجميعها معا على أساس من الخصائص أو الصفات المشتركة، والتي يمكن الإشارة إليها برمز أو اسم معين.
مثال	لنفرض أن المفهوم المراد تشكيله عند الطالب هو مفهوم "التفاحة"، فإذا عرضنا على الطفل تفاحة، فإن التفاحة التي أمامه هى مدرك حسي،لأنه يستطيع إدراك ماهيتها عن طريق الحواس. فهو يرى شكلها، ويتحسس ملمسها، ويشم رائحتها، ويذوق طعمها. وبناء على هذه الخصائص المدركة التي تشترك فيها جميع حبات التفاح، تتشكل لدى الطالب صورة عقلية للتفاحة تمثل مفهومه عنها. فإذا طلبنا من الطفل أن يصف التفاحة أو يرسمها دون أن تكون أمامه، فإنه سيضطر إلى استخدام الصورة الذهنية التي عمل على تشكيلها من الخصائص الأساسية المشتركة بين التفاح جميعا من أجل وصف التفاحة أو رسمها. وهكذا تشكّل مفهوم التفاحة لدى الطالب وتصبح الكلمة أو الرمز"تفاحة" دليلا على هذا المفهوم.
أنشطة	عرف المفاهيم التالية: وردة -منديل -ليل -صابون -عش -مطر -قمح -غزال -قدم -أشعل -سيل -راية -قمر -غزير -ظل -سخاء -نبأ - يدخر -القوت -رماد -أودع -حرفة -شاهق -فطنة -الدجى -مرتقب -مؤتمر -أحبط -الردى -البرعم -شحيح - النواة -سراب -طواريء -اسطورة -البؤرة -الحقبة -فطرة -متناقض -أطلال -رابية -الشفق -الأنام -يتورع - اليراع -التبر -سديم -دحض -مثالب -تمائم -الأرومة -سرمد

المهارة	التفكير الترابطي
تعريف	إيجاد رابطة معينة بين شيئين أو فكرتين وذلك على شكل حدوث أحدهما قبل الآخر أو بعده، أو بصورة متتابعة ومطردة.
مثال	• اذكر الصفات الأساسية لمجموعة من الأفكار أو الأهداف أو المفاهيم . • اذكر الصفات الأساسية المشتركة بين مجموعتين . يمكنك استخدام الصيغة التالية : . . . . يشبه . . . . لأن . . . . .
أنشطة	1.استخدم صندوق ألغاز مع مجموعة من الأشياء لكي يصفها الطلبة بأشكالها مثل : ذات شكل دائري كالكرة ، ناعمة الملمس كالقطن . 2.استخدم لعبة تخمين الأحرف الأبجدية ، مثل حرف الطاء (ط) للدلالة على المطاعم ؛ حيث إن كلمة طعام تحتوي حرف الطاء (ط). 3.أكمل التشبيهات البسيطة . مثل : إنه قوي كـ . . . 4.اختر أحد الأحرف الأبجدية ، وارسم صوراً للكلمات المرتبطة بهذا الحرف. 5.اذكر كافة المجالات التي نستخدم بها الرياضيات في حياتنا اليومية . 6.كيف تتشابه الأرقام مع الخرائط الإرشادية للطرق ؟ 7.اختر عنواناً لموضوع عام مثل : الصحراء/الفضاء/الماء واكتب جميع الكلمات المرتبطة به . 8.اطلب من الطلبة يمعنوا النظر في اختراع قديم . اجعلهم يحددون الهدف من هذا الاختراع وفائدته . دعهم يربطوا بين هذا الاختراع وبين اختراع يعرفونه 9.حاول أن تربط بين كل لون وما يوحي به . . الأبيض : بالطهارة والعفاف وحسن السيرة وسلامة الضمير. الأحمر : الأزرق : الأسود : الوردي : البرتقالي : الأخضر :

المهارة	الاستيعاب
تعريف	القدرة على إدراك معاني المواد التعليمية أو القدرة على استرجاع المعلومات وفهم معناها الحقيقي، والتعبير عنها بلغتك الخاصة، وتوظيفها أو استخدامها في ميادين الحياة المختلفة.
مثال	أكل الفلفل التشيلي: خبرة عالمية الانتشار قبل فترة طويلة من الحقبة الإسلامية، حمل التجار العرب معهم الفلفل الأسود من آسيا إلى المصريين في أفريقيا، وإلى الأوروبيين وإلى جميع أنحاء العالم العربي. وعندما اكتشف الأوروبيون القارة الأمريكية أخذوا معهم إليها الفلفل الأسود. وهناك وجدوا نوعا جديدا من التوابل الحارة. وقد أطلقوا على هذه التوابل ذات اللون الأحمر نفس الاسم الذي أطلق على الفلفل الأسود مع أنه يستخرج من نبات مختلف تماما عن نبات الفلفل الأسود. ومثل الفلفل الأسود الذي ينبت في آسيا، فإن فلفل العالم الجديد(أمريكا) نبات أيضا لكنه يمكن أن يؤكل وهو أخضر أو وهو جاف. ولقد زرع الهنود الحمر الذين يعيشون في شمال وجنوب أمريكا وأكلوا أنواعا كثيرة ومتنوعة من الفلفل. وقد أطلقوا على النبات الذي ينتج هذه الأنواع اسم"تشيلي **Chili** " بعض أنواع التشيلي حار جدا ويحرق الفم واللسان، وبعضها الآخر بارد يؤكل طازجا مع السلطة. لكل نوع من أنواع التشيلي مذاق مختلف، فبعضها مذاقه حاد وذو نكهة قوية، وبعضها الآخر مذاقه قوي وغريب، ويعتمد مذاق التشيلي على أمرين أحدهما نوع النبتة والآخر نوع التربة التي يزرع فيها. بعض المناطق التي يزرع فيها التشيلي تصبح معروفة بنوع معين من التشيلي ذي مذاق خاص. لقد طحن الهنود الأمريكيون التشيلي الجاف الذي يبدو على شكل مسحوق أحمر وخلطوه مع مسحوق الذرة. فمسحوق الذرة له مذاق خفيف، وعندما يضاف له قليل من التشيلي يصبح مذاقه ألذ. وعندما أحضر الأوروبيون القادمون من العالم الجديد(أمريكا) التشيلي إلى العالم القديم، وجد الناس في العالم القديم أن إضافة التشيلي إلى الرز والمكرونة واللحم والفول والخضار تجعل طعمها لذيذا. إن تناول التشيلي مع الأطعمة المختلفة انتشر بسرعة في أفريقيا وآسيا والأقطار الأوروبية الواقعة في حوض البحر الأبيض المتوسط. وبعد مرور مئات السنين نسي الناس أن التشيلي نبات حديث. لقد اعتقدوا أن أجدادهم كانوا يأكلونه

	باستمرار. تنبأ: ما هو باعتقادك الفرق بين الفلفل الأسود والفلفل التشيلي؟ لماذا يؤكله الناس؟ كيف يتم طبخه؟. نظّم: أضف عناوين للتنبؤات... لقد تنبأنا(توقعنا) ما يلي:الاختلاف-أسباب الانتشار-طريقة أكله. ضع هدفا: هل سيحدثنا الكاتب عن الأشياء التي توقعناها؟ ابحث: يقرأ الطلاب النص، ويبحثون عن الأشياء التي توقعوها. المناقشة: تأكد من المطابقة ما بين التوقعات وبين ما ورد في النص. لخص: يعدّ المعلم والطلاب خريطة معرفية بالموضوع.
أنشطة	الدلفين تعتبر الدلافين من الحيوانات البحرية الممتعة. يمكن أن تشاهدها وهى تسبح في مياه الخليج العربي والبحر الأحمر. والدلافين ليست من الأسماك، إنها من الحيوانات اللبونة مثل الإنسان. فهى تتنفس الهواء ولأنها تتنفس الهواء فإنها ترتفع لتصل إلى سطح الماء، لذلك يراها الناس غالبا أكثر من رؤيتهم للحيوانات البحرية الأخرى التي تمكث تحت الماء طول الوقت. تتغذى الدلافين على الأسماك وهذه الأسماك التي تتغذى عليها تسبح في الماء بسرعة كبيرة جدا. من هنا كان على الدلافين أن تسبح بسرعة فائقة للامساك بها. تستطيع الدلافين أن تسبح بسرعة تتجاوز 60 كيلو متر في الساعة. للدلافين جلد ناعم رمادي اللون. وأفواهها تفتح مثل المنقار ولها عدد كبير من الأسنان الحادة. هذه الأسنان تساعدها في القبض على الأسماك التي تصطادها. وتتنفس دلافين الهواء من خلال ثقب يقع في قمة رؤسها ويطلق عليه اسم ثقب النفخ وذلك لأنه يمكن رؤيتها وهى تنفخ الماء من ذلك الثقب. تحب الدلافين اللعب. فهى تلعب في الصدف مثلما يلعب الناس بالكرة، وتتقاذف الأصداف مع بعضها بعضا. إنها تلعب باستمرار، وهى تحب المطاردة تماما مثلما يحبها الناس. وأحيانا ترى الدلافين وهى تقفز من الماء لتقوم بحركات التفافية. لا تستخدم الدلافين في تواصلها مع بعضها الكلمات لكنها تتحدث مع بعضها بواسطة أصوات حادة أو صفير تحدثه من أجل التفاهم، فعندما يحتاج أحد

الدلافين المساعدة فإنه يدعو أقرانه للمجيء وتقديم المساعدة. وعندما يرى أحد الدلافين سمكا يصلح لغذائه فإنه يستدعي أقرانه. وتختلف الأصوات التي تحدثها الدلافين عند مناداته أقرانه لمشاركته الطعام عن الأصوات التي يحدثها عندما يطلب منها تقديم المساعدة.

تعتبر الدلافين واحدة من أكثر الحيوانات البحرية جمالا وسحرا. وكلما تعلمنا وعرفنا عنها أكثر كلما عرفنا كم هى رائعة ولافتة للنظر.

استخدم الخطوات المتبعة وذلك من اجل استيعاب القطعة السابقة.

تنبأ- نظّم-ابحث-لخص-قيّم

المهارة	المدخلات العشوائية
تعريف	أداة لإنتاج أفكار جديدة حول المشكلة، وذلك بالإظهار المتعمد لأفكار عشوائية وغير مترابطة.
مثال	نافذة # جبنة الفكرة الأولى قد تكون أن الثقوب في قطعة الجبنة غير منتظمة، والعكس بالنسبة للنوافذ، وقد تكون النوافذ الدائرية الشكل وغير المنتظمة أكثر جاذبية من غيرها. للجبنة رائحة نفّاذة، ولو وضعنا شيئا ذا رائحة نفّاذة على النافذة فإننا نحتاج إلى تهوية كافية في الغرفة بحيث لا نشعر بالرائحة، وبالتالي يمكن الوصول إلى فكرة إبداعية وهى اختراع نوافذ تفتح بشكل تلقائي وفقا للرائحة الموجودة داخل الغرفة، وذلك من أجل التهوية.
أنشطة	1.ترغب في تأليف قصة تكون مخصصة للأطفال وذلك من أجل قراءتها قبل النوم.استخدم المدخل العشوائي بيض – سيارة وذلك من أجل تأليف القصة. 2.أوجد أفكارا جديدة حول رجال الشرطة مستخدما المدخل العشوائي: رجال الشرطة-طير الكناري. 3.ما هى الأفكار التي يمكن الحصول عليها من :كتاب-برتقالة؟. 4.طلب منك اختراع نوع جديد من المدارس، بحيث يتعلم الطلاب أكثر من المدارس العادية. جد كلمة عشوائية، دوّنها، ثم استخدمها للخروج ببعض الأفكار الجديدة. 5.استخدم المدخل العشوائي :سلّم-برتقالة وذلك لحل مشكلة الازدحام المروري في الشوارع. 6.ضع مجموعة من الكلمات داخل حقيبة،ودع الطلبة يختارون المدخل العشوائي ويعملون على ربط الأفكار.

المهارة	المشكلات المستقبلية
تعريف	إحدى مهارات التفكير التي يتمن من خلالها النظر إلى المشكلات التي قد تظهر في المستقبل، وذلك يعني أننا نحاول أن نتوقع المشكلة أو المشكلات التي من المحتمل أن تظهر مستقبلا وذلك من أجل وضع خطط لمواجهة هذه المشكلة والتغلب عليها، أو منع ظهور هذه المشكلة.
مثال	أصدرت الحكومة قرارا أدى إلى انخفاض كبير في أسعار السيارات وذلك بشكل مفاجأ. وقد أدى ذلك إلى رضى وسرور كبيرين من قبل المواطنين، ولكن الحكومة لم تنظر إلى المشكلات المستقبلية التي قد تظهر نتيجة لاتخاذها مثل هذا القرار. فقد أدى ذلك إلى ازدياد معدل الحوادث المرورية بالإضافة إلى الازدحام الشديد في الشوارع، وقد أدى ذلك كذلك إلى زيادة الاستيراد من الخارج مما أثر على الاقتصاد.
أنشطة	1. أحد زملائك يرغب في مرافقتك في رحلة، ولكن قدمه مكسورة نتيجة لحادث سابق، وبالتالي فهو يستخدم العكازات. ما هي المشكلات التي يمكن أن تظهر إذا خرجتما معا إلى الرحلة ؟. 2. استطاع أحد الأشخاص اكتشاف جهاز جديد يجعل قائد السيارة يعتمد بشكل كلي عليه أثناء قيادته للسيارة (قائد آلي) . ما هى المشكلات المستقبلية المتوقع ظهورها؟ 3. ما المشكلات المستقبلية المتوقّع ظهورها نتيجة لغلاء المهور؟ 4. ما المشكلات المستقبلية المتوقع ظهورها نتيجة السماح للأشخاص في عمر 14 سنة بقيادة السيارات؟ 5. ما المشكلات المتوقع ظهورها نتيجة إصدار قانون يمنع الاستيراد من الخارج؟

المهارة	الاستقبال
تعريف	القدرة على إبداء الرغبة في الاهتمام بقضية ما، أو موضوع معين، أو مشكلة عامة، أو حادثة بعينها.
مثال	اقرأ مقالا ما في إحدى الصحف المحلية، ثم حاول أن تتأكد من المعلومات التي استقبلتها عن طريق طرح مجموعة من الأسئلة.
أنشطة	1. هل قرأت أو سمعت عن قضية اضطهاد الأقلية الإسلامية في الفلبين؟ حاول العودة إلى بعض المراجع المختلفة، وتأكد من استقبالك لمثل هذا الموضوع؟ ما هي ردود أفعالك؟ 2. حاول حضور ندوة أو محاضرة حول موضوع معين (مخاطر التدخين-الإيدز-المخدرات...الخ) وذلك إذا ما قرأت إعلانا عنها. 3. هل شاهدت ندوة تلفزيونية تدور حول الكوارث الطبيعية.تحدّث عنها بتوسّع. 4. هل قرأت شيئا عن تعرّض بعض الحيوانات لخطر الانقراض؟ تحدّث حول هذا الموضوع. 5. تحدث عن بعض البرامج التي تابعتها على شاشة التلفاز. 6. هل حضرت محاضرة حول تلوث البيئة؟والمضار الصحية والاجتماعية والسياحية التي تلحقها بالمجتمع. تحدّث حول هذه المحاضرة. أي محاضرة أو ندوة حول موضوع حضره أو سمعه الطالب يمكن أن يكون تمرينا جيدا لممارسة المهارة.

المهارة	قلب الأفكار
تعريف	النظر للأفكار المقبولة، والطرق الاعتيادية لعمل الأشياء، وبعد ذلك العمل على معارضتها وقلبها.
مثال	لماذا يجب أن يكون الصحن دائريا؟ طلب من فتاة أن تصمّم صحنا جديدا، ولذلك فقد عارضت فكرة الدائرية، ونتيجة لذلك صممت صحنا طويلا وضيقا وممتدا إلى منتصف الطاولة، وعندما تنهي أكلك من جهة معينة، فإنك تديره وتبدأ الأكل من الجهة الأخرى.
أنشطة	1.اعمل على قلب الأشياء والأفكار التالية: ■ الدعاية ■ البيت ■ المدرسة ■ النوم ■ حب الأطفال للحلويات ■ العناية بكبار السن ■ مكافحة المخدرات 2.اختر ثلاثة مفاهيم مختلفة تتعلق بالرياضة، ثم أعمل على قلبها، واعط طرقا بديلة للتعامل معها. 3.اقترح بعض التحسينات على خدمة الباص المحلي، واختر مفهومين لتقوم بقلبهما بما ينعكس بالفائدة على هذه الخدمة. 4.هل تستطيع قلب فكرة الطاولة، وذلك حتى تتمكن من الاستفادة منها بشكل أفضل؟.

المهارة	إصدار الأحكام
تعريف	المهارة في الحكم على القضايا والمواقف والأفكار التي تعترض الفرد في الحياة العامة.
مثال	شخص لا يطيع والديه .... بماذا تحكم عليه؟ حرمانه من مشاهدة التلفاز حرمانه من مصروفه اليومي
أنشطة	أنت الحاكم، والمطلوب منك أن تحكم في القضايا التالية بحيث تتراوح الأحكام ما بين 3 شهور سجن ومؤبد: 1.بناء على طلب المرأة الرسامة والبالغة من العمر 85 سنة والتي تعاني من سرطان خطير قام الطبيب بإعطائها دواء أكثر من اللازم، لذا فان عائلتها تتهم الطبيب بقتل المرأة. 2.أسير حرب بعد انتهاء الحرب وانتصار دولتك على دولته حيث كان هذا الطيار قبل أسره قد ألقى قنبلة ذرية على مدينة كبيرة في بلدك تسبب في قتل 200000 مواطن وجرحت الكثير، وسبب الدمار الكبير في المدينة. 3.استيقظ رب البيت ذات ليلة على سماع صوت غريب في منزله، فرأى لصا يحاول الهرب، فأطلق النار عليه، وأرداه قتيلا وتهمته الآن القتل. 3.ضبط في عملية تهريب مخدرات كبيرة لبيعها داخل بلده. 4.يتهم من قبل عماله بأنه يهين العمال ويحتقرهم ولا يدفع لهم الأجور القليلة جدا، ويبقيهم ساعات عمل طويلة وفي ظروف صعبة. 5.وصف لها الطبيب دواء بينما كانت حامل بطفلها مما سبب له تشوه خلقي بعد الولادة. 6.كان هناك خمسة من الرجال يجلسون على حافة البركة ويراقبون النزاع ولكنهم لم يتدخلوا ولم يحاولوا مساعدة الشاب الذي غرق في البركة، لذا فهم متهمون بالاشتراك في الجريمة.

المهارة	الانتباه
تعريف	مهارة تدعيم القدرة على توجيه وتركيز الانتباه عند الفرد، بحيث يستطيع استيعاب المواضيع، ويزيد من قدرته على التعلّم بعيدا عن المشتتات.
مثال	أثناء دراسة الطالب لتاريخ العرب في الجاهلية، ما هي الأسئلة التي يمكن أن يسألها حتى يركّز انتباهه نحو الموضوع؟ كيف كان يعيش الإنسان العربي في الجاهلية؟ • ما العلاقة التي كانت قائمة بين قبائل العرب • لو كنت موجودا قبل خمسين عاما، كيف يمكن أن أشغل وقت فراغي؟ • ما أثر الحروب في حياتهم؟ • كيف يمكن أن نتصور الحياة الثقافية والسياسية لهذه القبائل؟ • هل سأوافق السياسات التي كانت سائدة، أم سأكون محايدا؟ إذا كان الدرس نصا لغويا، فيمكن طرح الأسئلة التالية: • ما محور النص؟ • عمّ يتحدث النص؟ • هل المعالجة البلاغية صحيحة؟ • ما العبرة التي خرجت بها من النص؟ من قائل النص، وما مناسبته؟
أنشطة	أكل الفلفل التشيلي: خبرة عالمية الانتشار قبل فترة طويلة من الحقبة الإسلامية، حمل التجار العرب معهم الفلفل الأسود من آسيا إلى المصريين في أفريقيا، وإلى الأوروبيين وإلى جميع أنحاء العالم العربي. وعندما اكتشف الأوروبيون القارة الأمريكية أخذوا معهم إليها الفلفل الأسود. وهناك وجدوا نوعا جديدا من التوابل الحارة. وقد أطلقوا على هذه التوابل ذات اللون الأحمر نفس الاسم الذي أطلق على الفلفل الأسود مع أنه يستخرج من نبات مختلف تماما عن نبات الفلفل الأسود. ومثل الفلفل الأسود الذي ينبت في آسيا، فإن فلفل العالم الجديد(أمريكا) نبات أيضا لكنه يمكن أن يؤكل وهو أخضر أو وهو جاف. ولقد زرع الهنود الحمر الذين يعيشون في شمال وجنوب أمريكا وأكلوا أنواعا كثيرة ومتنوعة من الفلفل.

وقد أطلقوا على النبات الذي ينتج هذه الأنواع اسم"تشيلي Chili " بعض أنواع التشيلي حار جدا ويحرق الفم واللسان، وبعضها الآخر بارد يؤكل طازجا مع السلطة.

لكل نوع من أنواع التشيلي مذاق مختلف، فبعضها مذاقه حاد وذو نكهة قوية، وبعضها الآخر مذاقه قوي وغريب، ويعتمد مذاق التشيلي على أمرين أحدهما نوع النبتة والآخر نوع التربة التي يزرع فيها. بعض المناطق التي يزرع فيها التشيلي تصبح معروفة بنوع معين من التشيلي ذي مذاق خاص.

لقد طحن الهنود الأمريكيون التشيلي الجاف الذي يبدو على شكل مسحوق أحمر وخلطوه مع مسحوق الذرة. فمسحوق الذرة له مذاق خفيف، وعندما يضاف له قليل من التشيلي يصبح مذاقه ألذ. وعندما أحضر الأوروبيون القادمون من العالم الجديد(أمريكا) التشيلي إلى العالم القديم، وجد الناس في العالم القديم أن إضافة التشيلي إلى الرز والمكرونة واللحم والفول والخضار تجعل طعمها لذيذا. إن تناول التشيلي مع الأطعمة المختلفة انتشر بسرعة في أفريقيا وآسيا والأقطار الأوروبية الواقعة في حوض البحر الأبيض المتوسط. وبعد مرور مئات السنين نسي الناس أن التشيلي نبات حديث. لقد اعتقدوا أن أجدادهم كانوا يأكلونه باستمرار.

من خلال قراءتك للقطعة السابقة، أجب عن الاستفسارات التالية:

1.ماذا عليك أن تتعلم من القطعة السابقة؟

2.ماذا ستستفيد من معرفتك للمعلومات المتوفرة في القطعة السابقة؟

3.ما هى الفكرة الرئيسية في القطعة؟

4.ما هو الهدف من القطعة السابقة؟

5.يطرح المعلم أى أسئلة قد تعمل على دعم مهارة تركيز الانتباه على المحتوى عند الطلبة.

6.يمكن للمعلم استخدام أية قطعة أو موضوع من المنهاج المدرسي يراها مناسبة.

المهارة	نقل الخبرة من موقف لآخر
تعريف	القدرة على توظيف واستغلال الخبرة المكتسبة في ظروف ومواقف أخرى مشابهة.
مثال	تعلم الرياضيات في المدرسة - مثلا- يمكن الفرد من حساب نفقاته الشهرية، أو إعداد الميزانية الخاصة بتجارته، أو استخدام الرياضيات في تطبيقات صناعية. وإذا ذهبنا إلى أبعد من هذا نقول : - إن الرياضيات تعلمه أن في الحياة مواقف لا تنفع فيها العواطف ولا يستخدم فيها إلا المنطق والبرهان فإثبات أن مربع الوتر في المثلث القائم الزاوية الذي يساوي مجموع مربعي الضلعين الآخرين لا يتم إلا بالبرهان، ولا تنفع فيه العواطف أو الوساطات.
أنشطة	1."لكل فعل رد فعل يساويه في المقدار ويعاكسه في الاتجاه" هل تستطيع نقل هذا القانون، وتعميمه على بعض المواقف الحياتية؟ 2.لقد تعلمت من خلال دراستك للرياضيات العديد من القضايا الحسابية المتعلقة بالكسور العشرية. كيف يمكنك توظيف مثل هذه القضايا الحسابية في حياتك اليومية؟ 3.هل تستطيع تحديد بعض العلماء والمبدعين الذين اكتشفوا أو عملوا على وضع بعض القوانين النظرية والتي أدى تعميمها ونقلها إلى ميادين الحياة إلى تغيّر جذري في حياة البشرية؟ 4.لقد تعلمت من خلال مادة العلوم مفهوم "التبخر"، وماذا يقصد به، وكيف يحدث. ما هى الفائدة التي اكتسبتها من تعلم مثل هذا المفهوم؟ وهل تستطيع نقله واستخدامه في اكتشاف أو ابتكار الآلات جديدة يمكن أن يستفيد منها المجتمع؟

المهارة	تحليل التصاميم
تعريف	لدى المبدعين حساسية وتنبه للإبداع من حولهم؛ فهم يلحظون تصاميم الأشياء التي هي من بديع صنع الـلـه سبحانه وتعالى في الطبيعة من حولهم أو تلك التي أبدعها الإنسان. كل شيء حولنا له تصميم يناسب وظيفة معينة. فكلما دققت ملاحظتك للأشياء وسألت نفسك عن سبب وجودها بشكل معين أو لون مخصص أو حجم محدد أو ... إلخ، زادت حساسيتك وتنبهك إلى الإبداع. ستسأل نفس الأسئلة التي مرت بأذهان المبدعين الأوائل الذين صمموا لنا الأشياء التي حولنا.
مثال	1. لماذا لقلم الرصاص ست جهات وليس ثلاث أو عشر جهات؟ ....
أنشطة	2. لماذا للشجرة آلاف الأوراق وليس أربع أو خمس ورقات؟ .... 3. لماذا يكون حجم صفحات الصحيفة اليومية أكبر من صفحات الكتاب؟ .... 4. لماذا تصنع أكواب الشرب من الخزف وليس من الحديد؟ .... 5. لماذا يُستخدم اللون الأحمر للدلالة على الخطر؟ ....

المراجع

المراجع العربية

1. إعداد المعلمين في رعاية الطلاب المبتكرين من منظور المعلمين والمعلمات في مراحل التعليم العام . الجمعية السعودية للعلوم التربوية والنفسية ، الكتاب السنوي الثاني، التوجيه والإرشاد الطلابي في التعليم .

2. أبادي ، الفيروز .(1984) .القاموس المحيط .مجلد 2 القاهرة دار الحديث.

3. إبراهيم ، خيري علي (1994).المواد الاجتماعية في مناهج التعليم .بين النظرية والتطبيق الإسكندرية : دار المعرفة الجامعية .

4. إبراهيم ، عبد اللطيف فؤاد ؛وأحمد ، سعد مرسي (1995) . المواد الاجتماعية وتدريسها الناجح .الطبعة السابعة ، القاهرة : مكتبة النهضة المصرية .

5. إبراهيم ، فوزي طه؛والكلزة ،رجب أحمد (1990) . المناهج المعاصرة . الإسكندرية:منشأة المعارف .

6. أبو جريس، فاديا (1994) - الفروق في المشكلات والحاجات الإرشادية بين الطلبة المتميزين وغير المتميزين - رسالة ماجستير، الجامعة الأردنية، عمان، الأردن.

7. أبو حطب ،فؤاد ؛وصادق ،آمال (1991) . مناهج البحث وطرق التحليل الإحصائي في العلوم النفسية والتربوية والاجتماعية ، القاهرة :مكتبة الأنجلو المصرية.

8. أبو خليل ،شوقي (1991) . في التاريخ الإسلامي . الطبعة الأولى ، بيروت :دار الفكر المعاصر .

9. أحمد الاميري، كيف تحسن التفكير؟ ، مجلة المعرفة، العدد 40، نوفمبر 1998، وزارة المعارف، المملكة العربية السعودية.

10. الإداري المتميز / الإبداع في العملية التربوية وسائله ونتائجه (2003).

11. الاميري، احمد،كيف نحسن التفكير؟،مجلة المعرفة،وزارة المعارف،المملكة العربية السعودية،العدد 40،نوفمبر1998.

12. بخيت ، خديجة أحمد السيد (2000) . فاعلية برنامج مقترح في تعليم الاقتصاد المنزلي في تنمية التفكير الناقد والتحصيل الدراسي لدى تلميذات المرحلة

الإعدادية . الجمعية المصرية للمناهج وطرق التدريس ،مؤتمر مناهج التعليم وتنمية التفكير . دار الضيافة، جامعة عين شمس .

13. البشري ،يحيى جابر (1995) " تنمية القدرات الإبداعية /دراسة تجريبية على عينة من تلاميذ المرحلة المتوسطة " الرياض ،كلية التربية ، جامعة الملك سعود .

14. بكار،عبد الكريم،فصول من التفكير الموضوعي،لبنان،بيروت،الدار الشامية،الطبعة الثانية،1998.

15. التميمي، مريم(2002)، تنمية التفكير الناقد: دراسة تجريبية على عينة من طالبات المرحلة الثانوية بدولة الكويت، رسالة ماجستير غير منشورة، جامعة الخليج العربي، المنامة، مملكة البحرين

16. جابر ، عيسى عبدالـلـه ؛والحوراني ،محمد حبيب (1997) " دور المؤسسات التعليمية في تنمية المهارات والقدرات الفردية " .ندوة توفير المناخ العلمي لتنمية القدرات الفردية، الأمانة العامة للتربية الخاصة ،وزارة التربية ،الكويت .

17. جديبي، رأفت(2004) - منهج التربية الاسلامية في رعاية الموهوبين مع دراسة واقع مراكز رعاية الموهوبين بمنطقة مكة المكرمة - رسالة ماجستير، جامعة أم القرى، مكة المكرمة، السعودية.

18. جروان، فتحي عبد الرحمن (1999) .تعليم التفكير مفاهيم وتطبيقات .الطبعة الأولى، العين /الإمارات العربية المتحدة : دار الكتاب الجامعي .

19. جروان،فتحي،الموهبة والتفوق والإبداع،دار الكتاب الجامعي،العين/الإمارات العربية المتحدة، 1998.

20. جروان،فتحي،تعليم التفكير مفاهيم وتطبيقات،دار الكتاب الجامعي،العين/الإمارات العربية المتحدة، الطبعة الأولى،1999.

21. جودت سعادة، المنهج المدرسي الفعّال، الطبعة الاولىن1991، دار عمّار للنشر، عمّان، الأردن

22. حاجي ، خديجة محمد عمر (2001) " تعليم التفكير الإبداعي والناقد من خلال مقرر البلاغة والنقد لطالبات الصف الثالث الثانوي الأدبي بالمدينة المنورة " رسالة ماجستير غير منشورة ، جامعة الملك عبد العزيز ،كلية التربية بالمدينة المنورة .

23. حبيب، مجدي عبد الكريم(2003) . تعليم التفكير ،استراتيجيات مستقبلية للألفية الجديدة ، الطبعة الأولى ،القاهرة : دار الفكر العربي.

24. حسين ، ثائر ؛وفخرو ،عبد الناصر (2002) دليل مهارات التفكير /100مهارة في التفكير. الطبعة الأولى ، عمان : دار الدرر للنشر والتوزيع .

25. حسين، ثائر،(2005)، تجربة مركز ديبونو لتعليم التفكير، ورقة عمل، المؤتمر العلمي العربي الرابع للموهوبين والمتفوقين، عمّان، الأردن.

26. حسين،ثائر،استثارة التفكير الإبداعي عند الطلبة (مهارات في التفكير الإبداعى)،ورقة عمل مقدمة ل"المؤتمر العلمي العربي الثاني لرعاية الموهوبين والمتفوقين "عمان، الأردن،2000.

27. الحلفاوي، مسعف، (1997)، اشتقاق معايير الأداء على مقياس التفكير الناقد لطلبة البكالوريوس في الجامعات الأردنية، رسالة ماجستير غير منشورة، الجامعة الأردنية، عمّان، الأردن.

28. حمادنه، أحمد، (1995)، مستوى التفكير الناقد في الرياضيات عند طلبة الصف العاشر في الأردن، رسالة ماجستير غير منشورة، الجامعة الأردنية، عمّان، الأردن.

29. الحمادي ، علي (1999). شرارة الإبداع .الطبعة الأولى ، إصدار مركز التفكير الإبداعي ،سلسلة الإبداع والتفكير الابتكاري ، بيروت : دار ابن حزم للطباعة والنشر و التوزيع.

30. الحموي، نهى . (1996) . اثر برنامج تعليمي في تنمية التفكير الإبداعي لدى أطفال السنة الثانية في الروضة . رسالة ماجستير غير منشورة. عمان: الجامعة الأردنية.

31. خالد، زينب أحمد عبد الغني (2001) "فعالية برنامج مقترح لتعليم التفكير أثناء تدريس الهندسة لتلاميذ الصف الأول الإعدادي في تحقيق مستويات الأهداف المعرفية والتفكير الرياضي ". دراسات في المناهج وطرق التدريس ، الجمعية المصرية للمناهج و طرق التدريس ، كلية التربية ، جامعة عين شمس . ص .

32. الخضراء، فادية(2005)، تعليم التفكير الابتكاري والناقد، دراسة تجريبية، دار ديبونو للنشر والتوزيع، عمّان، الأردن.

33. الخطيب ،مها أحمد حسين (1993) " أثر كل من درجة الاستقلال المعرفي والتحصيل والجنس على قدرة التفكير الناقد للفئة العمرية (11_14) سنة في المدارس الحكومية لمنطقة عمان الأولى " رسالة ماجستير غير منشورة، الجامعة الأردنية، عمان.

34. الخلايلة ، عبد الكريم واللبابيدي ، عفاف (1997) طرق تعليم التفكير للأطفال،الطبعة الثانية ، عمان : دار الفكر.

35. الداهري، صالح (2005)- سيكولوجية رعاية الموهوبين المتميزين، وذوي الاحتياجات الخاصة - عمان، دار وائل للنشر والتوزيع.

36. دايرسون، مارغريت، استراتيجيات للاستيعاب القرائي، ترجمة: مدارس الظهران الأهلية،1996، الطبعة الثانية،دار التركي للنشر والتوزيع، السعودية.

37. التح ، زياد. (1992). اثر كل من دافع الإنجاز والذكاء على قدرة حل المشكلة لدى طلبة الصفوف السابع والثامن والتاسع في مدينة عمان رسالة ماجستير غير منشورة عمان : الجامعة الأردنية .

38. الزيادات، ماهر مفلح (1996) " العلاقة بين مدى اكتساب معلمي الدراسات الاجتماعية في المرحلة الثانوية في الأردن لمهارات التفكير الناقد ومدى اكتساب طلبتهم لها في المرحلة نفسها " رسالة ماجستير غير منشورة، جامعة اليرموك، الأردن.

39. السامرائي ، مهدي صالح (1994) " التفكير الإبداعي لدى طلبة كليات التربية " المجلة العربية للتربية ، المنظمة العربية للتربية والثقافة والعلوم ، المجلد 14،(العدد الأول).

40. السرور، ناديا هايل (1996)"فاعلية برنامج الماستر ثنكر لتعليم التفكير في تنمية المهارات الإبداعية لدى عينة من طلبة كلية العلوم التربوية في الجامعة الأردنية " مجلة مركز البحوث التربوية، جامعة قطر، العدد العاشر.

41. السرور، ناديا هايل (1998)، مدخل إلى تربية الموهوبين والمتميزين، دار الفكر للنشر والتوزيع، الطبعة الأولى، عمّان، الأردن.

42. السرور، ناديا هايل (2005)، تعليم التفكير في المنهج المدرسي، دار وائل للنشر والتوزيع، الطبعة الأولى، عمّان، الأردن.

43. السرور، ناديا، حسين،ثائر ،فيضي،دينا، برنامج الكورت لتعليم التفكير، الجزء الثاني"التنظيم"،الطبعة الأولى،دار الفكر،عمان،الأردن،1998.

44. السرور، ناديا، حسين،ثائر،فيضي،دينا،برنامج الكورت لتعليم التفكير،دليل البرنامج،دار الفكر، الطبعة الأولى،عمان،الأردن،1988.

45. السرور، ناديا،حسين،ثائر ،فيضي،دينا، برنامج الكورت لتعليم التفكير ،الجزء الثالث"التفاعل"،الطبعة الأولى،دار الفكر،عمان،الأردن،1998.

46. السرور، ناديا،حسين،ثائر ،فيضي،دينا، برنامج الكورت لتعليم التفكير ،الجزء الرابع"الإبداع"،الطبعة الأولى،دار الفكر،عمان،الأردن،1998.

47. السرور، ناديا،حسين،ثائر ،فيضي،دينا، برنامج الكورت لتعليم التفكير ،الجزء الخامس"المعلومات والعواطف"،الطبعة الأولى،دار الفكر،عمان،الأردن،1998.

48. السرور، ناديا،حسين،ثائر ،فيضي،دينا، برنامج الكورت لتعليم التفكير،الجزء السادس"الفعل"،الطبعة الأولى،دار الفكر،عمان،الأردن،1998.

49. السرور، ناديا،حسين،ثائر،فاعلية برنامج الكورت لتعليم التفكير على تنمية التفكير الإبداعى، مجلة دراسات،الجامعة الأردنية،آذار،1997.

50. السرور، ناديا،حسين،ثائر،فيضي،دينا، برنامج الكورت لتعليم التفكير ،الجزء الأول"توسعة مجال الإدراك"،الطبعة الأولى،دار الفكر،عمان،الأردن،1998.

51. السرور، ناديا؛ وحسين ، ثائر غازي (1997) ." أثر برنامج تدريبي لمهارات الإدراك و التنظيم و الإبداع على تنمية التفكير الإبداعي لدى عينة أردنية من طلبة الصف الثامن " مجلة دراسات . عمادة البحث العلمي الجامعة الأردنية ، المجلد 24، العلوم التربوية (العدد1).

52. السعيد، هدى بنت راشد (1999) ." مدى ممارسة المعلمات لأساليب التفكير العلمي مع تلميذات المرحلة الابتدائية بمنطقة الرياض التعليمية " رسالة ماجستير غير منشورة، الرياض: كلية التربية، جامعة الملك سعود.

53. السيد، عزيزة (1995) . التفكير الناقد : دراسة في علم النفس المعرفي ، الإسكندرية: دار المعرفة الجامعية.

54. الصافي ، عبد الله بن طه (1997م). التفكير الإبداعي بين النظرية والتطبيق . الطبعة الأولى، جدة : مطابع دار البلاد.

55. العزة، سعيد (2002) - تربية الموهوبين والمتفوقين - دار الثقافة، عمان.

56. العطاري، سناء، (1999)، مستوى مهارات التفكير الناقد وعلاقته بمركز الضبط وبعض المتغيرات الأخرى لدى عينة من طلبة الجامعات الفلسطينية، رسالة ماجستير غير منشورة، جامعة القدس، فلسطين.

57. القضاة ، بسام محمد حامد (1996) " أثر طريقة التعلم التعاوني في تنمية التفكير الإبداعي عند طلبة الصف العاشر في مبحث التاريخ في الأردن " ،رسالة ماجستير غير منشورة ،جامعة اليرموك ، كلية التربية والفنون ،قسم المناهج وطرق التدريس ، الأردن.

58. الكيومي ، محمد طالب (2002) " أثر استخدام استراتيجية العصف الذهني في تدريس التاريخ على تنمية التفكير الابتكاري لدى طلاب الصف الأول الثانوي بسلطنة عمان".رسالة ماجستير غير منشورة ،كلية التربية ، جامعة السلطان قابوس ، سلطنة عمان.

59. المانع ، عزيزة (1996) . " تنمية قدرات التفكير عند التلاميذ : اقتراح تطبيق برنامج كورت للتفكير " رسالة الخليج العربي ، الرياض ،(العدد 59).

60. المطارنه، بسمة، (2003)، مستوى التفكير الناقد لدى طلبة قسم التاريخ في جامعة مؤته وعلاقته بدرجة ممارسته من قبل المدرسين، رسالة ماجستير غير منشورة ، جامعة مؤته، الأردن.

61. المعايطة، خليل، البواليز، محمد، (2004) - الموهبة والتفوق – ط2 - دار الفكر، عمّان.

62. المقدادي ، قيس إبراهيم صالح (2000) " أثر برنامج تعليم التفكير الناقد على تطوير الخصائص الإبداعية وتقدير الذات لدى طلبة الصف الحادي عشر" رسالة ماجستير غير منشورة كلية الدراسات العليا ،الجامعة الأردنية.

63. النافع ، عبد الله (2002) " إستراتيجيات تعليم مهارات التفكير العليا ضمن المواد الدراسية " ضمن ورشة العمل الخاصة بالتعليم المعتمد على التفكير ، الرياض ،مدارس الملك فيصل ، النافع للبحوث والاستشارات التعليمية.

64. اليونسيف ، منظمة الأمم المتحدة للأطفال (1995) .دليل المهارات الأساسية لتدريب المعلمين إعداد فريق جماعة التطوير التربوي العالمي ، ترجمة فريق

من وزارة التربية و التعليم – الأردن ، مراجعة الدكتور عمر حسن الشيخ / الجامعة الأردنية.

65. خليل ، ساهر . (1997) . اثر التربية الموسيقية على تنمية التفكير الإبداعي عند طلبة الصف السابع الأساسي في المدارس الحكومية في مدينة نابلس ، رسالة ماجستيرغيرمنشورة   فلسطين : جامعة النجاح .

66. د. مسلم،إبراهيم احمد،الجديد في أساليب التدريس"حل المشكلات،تنمية الإبداع"،تسريع التفكير العلمي،دار البشير،عمان،1993.

67. دي بونو ، إدوارد (1989) . تعليم التفكير (ترجمة) عادل عبد الكريم ياسين و آخرون الكويت : مؤسسة الكويت للتقدم العلمي .

68. دياب ، إيناس عبد المقصود (1994م). " برنامج مقترح للتعلم الذاتي في المواد الاجتماعية لتنمية مهارات التفكير الإبداعي لدى تلاميذ الحلقة الثانية من التعليم الأساسي " رسالة دكتوراه غير منشورة كلية التربية : جامعة الزقازيق.

69. دياب ، إيناس عبد المقصود (1994). " برنامج مقترح للتعلم الذاتي في المواد الاجتماعية لتنمية مهارات التفكير الإبداعي لدى تلاميذ الحلقة الثانية من التعليم الأساسي " رسالة دكتوراه غير منشورة كلية التربية : جامعة الزقازيق.

70. زحلوق، مها (1994) - التربية الخاصة للمتفوقين - منشورات جامعة دمشق، دمشق.

71. سليمان، محمود جلال الدين (2001) " فعالية استراتيجية مقترحة لتدريس كتاب القراءة ذي الموضوع الواحد في تنمية مهارات التفكير الناقد لدى طلاب الصف الأول الثانوي" مجلة القراءة والمعرفة ، الجمعية المصرية للقراءة والمعرفة ، كلية التربية ، جامعة عين شمس.

72. شطناوي، محمد خالد، (2003)، تقنين اختبار كاليفورنيا لمهارات التفكير الناقد للطلبة الجامعيين في الأردن، رسالة ماجستير غير منشورة، جامعة مؤته، الأردن.

73. طافش، محمود(2004)، تعليم التفكير، الطبعة الأولى، جهينة للنشر والتوزيع، عمان، الأردن.

74. عبد الهادي، نبيل، شاهين،يوسف،تطور التفكير عند الطفل،مركز غنيم للتصميم والطباعة،عمان،1991.

75. عدس ، محمد عبد الرحيم (1996) . المدرسة وتعليم التفكير . الطبعة الثالثة. عمان : دار الفكر للطباعة و النشر والتوزيع .

76. عصر ، حسني عبد الباري (1999) .مداخل تعليم التفكير وإثراؤه في المنهج المدرسي الإسكندرية : المكتب العربي الحديث.

77. علي، إبراهيم عبد الرحمن محمد (1997). " أثر استخدام الأنشطة التعليمية المصاحبة و أسئلة التفكير التباعدي في تدريس مادة الوسائل التعليمية على تنمية التفكير الابتكاري لدى طلاب كلية التربية بتعز " دراسات في المناهج وطرق التدريس ، الجمعية المصرية للمناهج وطرق التدريس ، كلية التربية ، جامعة عين شمس ، (العدد 40).

78. فاروق الروسان، سيكولوجية الأطفال غير العاديين، "مقدمة في التربية الخاصة" الطبعة الثالثة، دار الفكر للطباعة والنشر، الأردن.

79. قطامي ،نايفة (2001) .تعليم التفكير للمرحلة الأساسية .الطبعة الأولى ، عمان : دار الفكر للطباعة والنشر والتوزيع.

80. قطامي، يوسف. (1992). مواقف للتدرب على التفكير . عمان : الجامعة الأردنية : كانون ثاني.

81. قطامي،يوسف،تفكير الأطفال:تطوره وطرق تعليمه،الأهلية للنشر والتوزيع عمان،الأردن،1990م.

82. كرم ، إبراهيم (1993)" مهارات التفكير: مفاهيمها ومستوياتها وأنواعها وطرق تنميتها " مجلة التربية والتنمية ، السنة الثانية.

83. كنعان ، عاطف (2000) " طرائق تعليم التفكير وتنميته -/النظرية والتطبيق " المجلس العربي للموهوبين والمتفوقين ، المؤتمر العلمي العربي الثاني لرعاية الموهوبين والمتفوقين، عمان.

84. كنعان ،عاطف ؛وحسين ،ثائر (2004) . برنامج فكر . الطبعة الأولى ، عمان: جهينة للنشر والتوزيع

85. كوسة ، سوسن عبد الحميد محمد (1999) ." فاعلية استخدام برنامج معد بأسلوب حل المشكلات لتنمية التحصيل و التفكير الابتكاري في الرياضيات لدى طالبات المرحلة المتوسطة بمدينة مكة المكرمة " رسالة دكتوراه غير منشورة، كلية التربية للبنات ، الرئاسة العامة لتعليم البنات.

86. لانغريهر ،جون (2002). تعليم مهارات التفكير،تدريبات عملية لأولياء الأمور والمعلمين والمتعلمين .الطبعة الأولى ، ترجمة منير الحوراني ،العين، الإمارات العربية المتحدة :دار الكتاب الجامعي.

87. مايرز،شيت، (1993)تعليم الطلاب التفكير الناقد،المركز الوطني للبحث والتطوير التربوي،مركز الكتب الأردنى،الأردن.

88. مجلة العربي،العدد185،أبريل 1974م.

89. محمد ، رائد مصطفى (1996) " فاعلية برنامج تدريبي لمهارات التفكير الناقد في عينة من طلبة الصفوف الأساسية العليا في الأردن "رسالة ماجستير غير منشورة ،كلية الدراسات العليا الجامعة الأردنية : عمان.

90. محمد ، مرسي محمد (2001) " تنمية التفكير الابتكاري عند الأطفال " المجلة العربية.(العدد 288).

91. محمد، رائد مصطفى، (1996)، فاعلية برنامج تدريبي لمهارة التفكير الناقد في عينة من طلبة الصفوف الأساسية العليا في الأردن، رسالة ماجستير غير منشورة، الجامعة الأردنية، عمّان، الأردن.

92. مطر ، رنا عدنان محمود (2000) " فعالية برنامج تعليم التفكير - المواهب غير المحدودة - على تطوير القدرات الإبداعية ومفهوم الذات لدى عينة من طلبة الصف الخامس الأساسي " رسالة ماجستير غير منشورة ، الجامعة الأردنية، كلية الدراسات العليا.

93. لجنة الترجمة والتعريب(2006)، تعليم مهارات التفكير، مداخل وتدريبات عملية (دليل المعلم والمتدرب)، دار الكتاب الجامعي، العين، الامارات العربية المتحدة.

94. العاني، سناء (2006)التفكير النقدي: مهارات القراءة والتفكير المنطقي، دار الكتاب الجامعي، العين، الامارات العربية المتحدة.

95. مصطفى، فهيم (2002)، مهارات التفكير في مراحل التعليم العام، دار الفكر العربي، القاهرة، جمهورية مصر العربية.

96. الحوراني، منير (2006)، أسس التفكير وأدواته: مفاهيم وتدريبات في تعلم التفكير الإبداعي والناقد، دار الكتاب الجامعي، العين، الامارات العربية المتحدة.

1. De Bono .E. (197) . The CORT Thinking program .U . S . A . (155) North Wacker Drive . Chicago -Illions .

2. Baker, J. A 1995. Depression and Suicidal Ideation among Academically Gifted Adolescents. Gifted Chld Quarterly. 36(4): 218-223.

3. Bireleyad, M. and Genshaft, J. 1991. Understanding the Gifted Adolescent. Teachers College Press. 1234 Amsterdam Avenue, New York. NY 10027.

4. Buzan, Tony, Use Both Sides Of Your Brain, Revved, New York. E.P. Dutton, 1993.

5. Byer, K.B.: *improving Thinking Skills Practical Approach *, Phi Delta Kappan, Pp.556-560.

6. Chamrad, D.L. Robinson, N.M. and Janos, P.M. 1995. Consequences of Having a Gifted Sibling: Myths and Realities. Gifted Child Quarterly. 39 (3): 135-144.

7. Colangelo, N. and Davis, G. A. 1991. Handbook of Gifted Education, a Division of Simon and Schuster, Inc.

8. Costa, A.: glossary Of Thinking Skills, Developing Minds: A Resources Book For Teaching Thinking, 1985.

9. Cotton, Kathleen (1991). Teaching thinking skills, Northwest Regional Educational Laboratory, School Improvement Series.p 1-23.

10. Daugherty, M. White, C.S. and Manning, B.H. 1994. Relationships among Private Speech and Creativity Measurements of Young Children. Gifted Child Quarterly. 38 (1): 21-26.

11. De Bono , E (1986).CORT . 3. Britain . Mica Managemant Resources.

12. De Bono , E (1986) . CORT . 2. Britain . Mice Management Resources .

13. De Bono , E. (1976)Teachig Thinking . European Services , LTD. England .

14. De Bono , E. (1986) . CORT . 4. Britain : Mica Management Resources.

15. De Bono E.(1984) Critical Thinking is not Enough. Educational Leadership. 42.(1) pp.16-17.

16. De Bono E.(1986). CoRT .1. Britain : Britain Mica Management resources.

17. De Bono E., *Critical Thinking Is Not Enough*, Educational Leadership, Vol. 42, No.1, 1984, Pp. 16-17.

18. De Bono E.: The Cort Thinking Program, 1st, Edition, Sra, U.S.A., 155 North Wacker Drive, Chicago, Illions 606606-1980, Pp.1-4, 9,19,24,30,14-15.

19. De Bono, E (1985 Six Thinking Hats, 1,Edition Mica Management Resources, United States of America.

20. De Bono, E., *the Direct Teaching Of Thinking, In Education And The Cort Method, Pp.1-10.

21. De Bono, E.: Cort 1, 2nd, Edition, Mica Management Resources (U.K) Inc, Britain, 1986,Pp.5, 65-66,7.

22. De Bono, E.: Cort 2, 2nd, Edition, Mica Management Resources (U.K) Inc, Britain, 1986,Pp.3.

23. De Bono, E.: Cort 4, 2nd, Edition, Mica Management Resources (U.K) Inc, Britain, 1986,Pp.3.

24. De Bono, E.: Six Thinking Hats, 1st,Edition, Mica Management Resources, Inc United States Of America, 1985,Pp.199-207.

25. De Bono, E.: Teaching thinking, 1st,Edition, European Services, Ltd England, 1976,Pp.31-46, 67,123-125,70,164-167.

26. De Bono, E.:"the Practical Teaching Of Thinking Using The Cort Method", Special Services In The Schools, Vol.4, No.3, 1989,Pp.1-6.

27. De Bono,E (1986).CoRt.5.Britain:Mica Management Resources.

28. De Bono,E (1987) .CoRt .6. Britain Mica Managament resources.

29. Duffy, Maryellen; Zeidler, Dana L.(1996) . The Effects of Grouping and Instructional Strategies on Conceptual Understanding and Critical Thinking Skills in the Secondary Biology Classroom.ERIC_NO:ED396916.

30. Duncan, M. Cohen, R. and Cohen, S. L. 1994. Classroom Peer Relations of Participation in a Pull – out Enrichment Program. Gifted Child Quarterly, 38(1)33-36.

31. Erickson, G.: *Choice And Perception Of Control, The Effect Of A Thinking Skills Program On The Locus Of Control, Self &Creativity Of Gifted students*, Gifted Education International, Vol.6, No.3, 1990.

32. Facione, P. (1998). Critical Thinking: What it is way it counts. California Academic Press.USA.

33. Fisher, R. (1991). Teaching Children to Think. Basil Blackwell.

34. Freeman, J. 1991. Gifted Children Growing up. 1nd. Edition. Published in Great Britain by Cassell Educational Limited Villiers House 41147 Stand London Wc2 N 5JE, England.

35. Freeman, J. 1994. Some Emotional Aspects of Being Gifted. Journal for the Education of the Gifted, 17(2): 180-197. The Association for the Gifted Reston, Virgimia 22091.

36. Freitas, Candido Varela de; Ramos, Altina, (1998), Using Technologies and Cooperative Work to Improve Oral, Writing, and Thinking Skills: Voices from Experience. ERIC_NO:ED423835.

37. Garside, Colleen (1996), Look who's Talking : A Comparison of Lecture and Group Discussion Teaching Strategies in Developing Critical Thinking Skills.ERIC_NO:EJ532170.

38. Garside, Colleen (1996), Look who's Talking : A Comparison of Lecture and Group Discussion Teaching Strategies in Developing Critical Thinking Skills.ERIC_NO:EJ532170.

39. Gross, E. M., (1994), Changing Teacher Attitudes Toward Gifted Students Through in Service Training . Gifted and Talented international, 9,p. 15-21.

40. Gross, Miraca. U.M. 1993. Exceptionally Gifted Children. London and New York: Routledge, paperback.

41. Harnadek, Anita.(1998), Critical Thinking, Bk.1: problem Solving, Reasoning Logic, and Arguments, Book & Software.

42. Harris, C.R. 1995. Developing Creativity for Third World Gifted: A head Start Experiment. Gifted and Talented Intemational. X (2): 56-60.

43. Hawkins, D.G. 1993, Personality Factors Affection Achievement in Achieving Gifted Underachieving Gifted and Non Gifted Elementary Students. Dissertation Abstracts, University of Florida: 145.

44. Heller, K.A. Monics, F. J. and Passaw, A. H. 1993. Intemational Handbook of Research and Development of Giftedness and Talent. 1nd. Edition. Pergaman Press Ltd. Oxford.

45. Hendricks, Katheryne; And Others, (1995). Using Higher Order Thinking Skills To improve reading comprehension ERIC_NO:ED398538.

46. Hinnant, Bell, Shirley (1993) , A Study of de Bono' PMI Thinking Tool as A Mean of Enhancing Student Writing performance. Dissertation Abstracts International, vol 55,No.11.

47. Jackson, Louise,(2000), Increasing Critical Thinking Skills To Improve Problem-Solving Ability in Mathematics, ERIC_NO:ED446995.

48. Kromrey, Jeffrey; and Others (1991). Toward Establishing Relationships between Essential and Higher Order Teaching Skills, Paper presented at the Annual Meeting of the Eastern Educational Research Association (Boston, MA , February 13-16.1999.

49. Liermam, J (1997).Effect of Instructional Methods Upon the Development of Critical Thinking in Baccalaureate Nursing Students, Dissertation Abstracts International, 58(3):768A.

50. Luftig, R.L. and Nichols, M.L. 1990. Assessing the Social Status of Gifted Students their Age Peers. Gifted child Quarterly, 34(3): 111-114.

51. Lumpkin, Cynthia, (1992) , Effects of Teaching Critical Thinking Skills on the Critical Thinking Ability, Achievement, and Retention of Social Studies Content by Fifth and Sixth Graders. Journal of Research in Education;

52. Lumpkin, Cynthia, (1992) , Effects of Teaching Critical Thinking Skills on the Critical Thinking Ability, Achievement, and Retention of Social Studies Content by Fifth and Sixth Graders. Journal of Research in Education;

53. Macphail- Wilcox and – Others (1990) . An Investigation of paideia Program Effects on Student' Critical Thinking Skills Educational Consideration, vol.17,No.2.

54. Macphail- Wilcox and – Others (1990) . An Investigation of paideia Program Effects on Student' Critical Thinking Skills Educational Consideration, vol.17,No.2.

55. Maitra, K. and kumari, H. 1996. Gender Differences in the Perceptions of choice of Subjects pertaining to Sciences. Gifted Education International. 11(2): 86-90.

56. MCcrink. (1999), The Role of Innovative Teaching Methodology and Learning Styles on Critical Thinking. Dissertation Abstracts International , 59(9):3420 A.

57. Melancon, B., and – Others.(1997). Critical Thinking Skills: Levels of preservice Elementary , Secondary, and Special National Social Science Association, April, Las Vegas.

58. Milbrandt, M.K.(1997) . An Authentic Instructional Model for Fifth Grade Art Using Postmodern Content. Dissertation Abstracts International, 57(10):432A.

59. Oram, G.D. Comell, D.G. and Rutemiller, L. A. 1995. Relations between Academic Aptitude and Psychosocial Adjustment in Gifted program Students. Gifted child Quarterly, 39(4): 236-244.

60. Parker, W.D. and Mills, C.J.1996. The Incidence of Perfectionism in Gifted Students. Gifted child Quarterly, 40(4): 104-110.

61. Pyryt, M.C. and Mendaglio, S. 1994. The Multidmensional Self Concept: A Comparison of Gifted and Average – Ability Adolescents Journal for the Education of the Gifted. 17(3): 299-305.

62. Reis, S.M. 1995. Talent Ignored, Talent Diverted: The Cultural Context Underlying Giftedness in females. Gifted child Quarterly, 39(3): 162-170.

63. Sesow, William ; and Others (1991), Improving the Critical Thinking Ability of preservice Social Teachers ERIC_NO:ED356997.

64. Silverman, L. K. 1993. Counseling the Gifted and Talented. Love Publishing Company. Library of Congress. Number 22-74350. U.S.A.

65. Silverman,S., (2002), Counseling the gifted and talented based on learning styles, Exceptional Children.

66. Smith, R.(1999) . the Study of Geography: A Means to Strengthen Students Understanding of Word and to Build Critical Thinking Skills, Dissertation Abstracts International, 37(1):48A.

67. Swarts, R. W. (1994). Critical Thinking Research: A Response to Stephen Norris. Educational Leadership, 42(8),46.

68. Swiatek, M. A. 1995. An Empirical Investigation of the Social Coping Strategies Used by Gifted Adolescents. Gifted child Quarterly, 39(3): 154-157.

69. Webb, 1993. Nuturing the Social-Emotional Development of Gifted Children. In: Heller, K. a Monics, F. J and Passaw, A.H. (editors), International Handbook of Research and Development of Giftedness and Talent. Ind. Edition. Pergaman Press Ltd. Oxford.

70. Wilen, William ; Phillips, Jhon-Arul(1995). Teaching Critical thinking: A Meta Cognitive Approach. Social Education:V59,N,3P135.